Casanova à la carte

Ruth Bombosch

Casanova à la carte

Eine kulinarische Biographie

Campus Verlag
Frankfurt/New York

Die Deutsche Bibliothek – CIP-Einheitsaufnahme

Bombosch, Ruth:
Casanova à la carte : eine kulinarische Biographie / Ruth
Bombosch. – Frankfurt/Main ; New York : Campus Verlag, 1998
ISBN 3-593-36007-1

Umschlaggestaltung: Atelier Warminski, Büdingen
Umschlagmotiv: Francois Boucher, »Pastorale«, St. Petersburg, Staatliche Eremitage
Satz: Leingärtner, Nabburg
Druck und Bindung: Druckhaus Beltz, Hemsbach
Gedruckt auf säurefreiem und chlorfrei gebleichtem Papier.
Printed in Germany

Inhaltsverzeichnis

An den geneigten Leser

Ob glücklich oder unglücklich, das Leben ist der einzige Schatz, den der Mensch besitzt; und wer es nicht liebt, ist seiner nicht wert.

Giacomo Girolamo Casanova Chevalier de Seingalt

Giacomo Girolamo Casanova Chevalier de Seingalt (1725–1798) ist fast nur als Liebhaber berühmt. Dies ist bedauerlich, denn der Sohn eines venezianischen Schauspielerpaares war sehr viel mehr. Er betätigte sich als Doktor beider Rechte, Weltgeistlicher, Theatergeiger, Scharlatan, Rosenkreuzer, Freimaurer, Spieler, Betrüger, Hasardeur, Beglücker alter Marquisen, Geschäftsmann und Geheimdiplomat, um seinen Wirkungskreis nur flüchtig zu skizzieren. Seine Projekte reichten von der Besiedelung der Sierra Morena bis zur Änderung des russischen Kalenders.

Sein Leben verbrachte er weitgehend auf Reisen und häufig auf der Flucht, und so lernte er das damalige Europa inklusive der Türkei und Rußland kennen. In einem Zeitalter mit wenig entwickelter und schon gar nicht freier Presse, dürften nur wenige Menschen so gut informiert gewesen sein. Sein Selbstverständnis war immer auch das des »Homme de lettres«. Auf seine umfassende Bildung, die ihm den Zugang zu bestimmten Kreisen immer wieder ermöglichte, war er stolz, und auch wenn er spät begann zu schreiben, so veröffentlichte er doch zu seinen Lebzeiten über vierzig eigene Werke.

Sein berühmtestes Werk, die *Geschichte meines Lebens,* die wichtigste Informationsquelle, die wir über ihn besitzen, durfte allerdings wegen moralischer Bedenken des Brockhaus-Verlages erst 1962 im vollständigen Originaltext erscheinen. Die zahlreichen ›bearbeiteten‹ Fassungen, die das prüde 19. Jahrhundert hervorgebracht hat, haben den Ruf der Lebensgeschichte als eines Buches, das man, wie die Franzosen so schön sagen, »mit einer Hand liest«, zementiert. Die Popularität des Casanova-Mythos steht in keinem Verhältnis zu einer tatsächlichen Kenntnis seines Werkes, denn die *Geschichte meines Lebens* ist ein Buch, das jeder kennt und niemand liest. Dabei hat uns Casanova ein kulturgeschichtliches Panorama von einer Farbenpracht und Sinnenfreude hinterlassen, wie es kaum ein zweites gibt.

Schon seine Ausgangsposition ist interessant: Als Sohn eines Schauspielerehepaares stand er von Anfang an außerhalb der Ständegesellschaft, die ihre Privilegien allein für ihre Mitglieder reserviert hatte. An diesen Vorrechten teilzuhaben war das Ziel von Casanovas lebenslangem Kampf um Liebe, Glück und Anerkennung. Er zeigt uns nicht nur die Welt der Mächtigen, Reichen und Schönen, sondern auch die mittleren und niederen Gefilde menschlichen Daseins. Die Lebensgeschichte ist auch ein Tummelplatz der gesellschaftlichen Außenseiter, die alle auf der Suche nach dem großen Glück oder wenigstens der kleinen günstigen Gelegenheit sind. Diese Galerie der Randexistenzen, der Spieler, Prostituierten, Hasardeure, Betrüger und Abenteurer, schwangeren Nonnen und Tänzerinnen, die nicht tanzen können, der Gescheiterten und Strauchelnden, machen die Lebenserinnerungen zu einem menschlich anrührenden Zeugnis der Kehrseite höfischen Prunkes.

Ich möchte wo immer es geht, Casanova selbst zu Wort kommen lassen. Er kann nicht nur besser erzählen als ich, sondern es ist auch höchst bedauerlich, daß die *Geschichte meines Lebens* in Deutschland vergriffen und nur auszugsweise erhältlich ist. Die meisten Zitate stammen aus der *Geschichte meines Lebens*, Berlin 1985.

Ich möchte im vorliegenden Buch den Versuch unternehmen, Geistes- und Sinnenfreuden im Sinne Casanovas zu vereinen, und die Lebensgeschichte nicht nur nachvollziehbar, sondern auch fühlbar und schmeckbar zu machen. Daher habe ich Kochrezepte

Der junge Casanova, gemalt von seinem Bruder, Francesco Casanova.

in dieses Buch aufgenommen. Für Casanova selbst waren seelische Befindlichkeiten untrennbar mit körperlichen Empfindungen verbunden, so daß dieses Vorgehen sinnvoll erscheint.

Essen ist ja nun niemals nur Nahrungsaufnahme, sondern ein grundlegendes Kulturbedürfnis, d. h. es gibt keine menschliche Gemeinschaft, die die Nahrungsaufnahme nicht in kulturelle Zusammenhänge stellt. Menschliche Grunderfahrungen wie Zuwendung oder Strafe werden häufig an der Zuteilung oder dem Entzug der Nahrung spürbar. Fastenzeiten kennen fast alle Religionen. Soziale Hierarchien dokumentieren sich häufig nicht nur darin, was gegessen wird, sondern auch wie, wo und mit wem etc.

Es geht mir darum, anhand besonders interessanter Stationen der Lebensgeschichte bestimmte soziale Funktionen des Essens im 18. Jahrhundert zu zeigen. Da Casanova nach seiner Flucht sehr viel reiste, bieten sich für den Rezeptteil einige länderspezifische Speziälitäten an, auch wenn die europäische Oberschicht damals weitgehend französisch kochen ließ. Die angegebenen Rezepte basieren auf ernsthafter Beschäftigung mit dem Thema, doch sind sie heutigen Bedürfnissen stärker verpflichtet als der historischen Genauigkeit, die in einer modernen Küche weder zu erreichen ist, noch unserem heutigen Geschmack entspräche. Da der Sinnengenuß im Vordergrund stehen soll, erscheint es mir wichtig, eine möglichst unkomplizierte Zubereitung zu ermöglichen.

Den Freuden meiner Sinne galt mein Leben lang mein Hauptstreben; etwas Wichtigeres gab es für mich niemals. Da ich mich für das andere Geschlecht geboren fühlte, habe ich es stets geliebt und habe alles darangesetzt, seine Liebe zu gewinnen. Ich liebte auch mit Hingabe eine gute Tafel und überhaupt leidenschaftlich alles, was meine Neugier erregte.

Ich habe die scharfgewürzten Gerichte geliebt, die von einem guten neapolitanischen Koch zubereiteten Makkaroni, Oglia potrida, Neufundländer Kabeljau, recht klebrig, Wildbret mit Hautgout und Käse, dessen Vortrefflichkeit sich zeigt, wenn die kleinen Wesen, die darin hausen, sichtbar werden. Was die Frauen betrifft, so habe ich immer gefunden, daß die jeweils Geliebte angenehm duftete, und je kräftiger sie schwitzte, desto köstlicher schien sie mir zu sein.

Welch verdorbener Geschmack! Welche Schande, ihn sich selbst einzugestehen und doch nicht zu erröten! Über solche Vorwürfe kann ich nur lachen. Ich bin unverfroren genug, mich dank meiner derben Neigungen für glücklicher zu halten als andere, weil ich davon überzeugt bin, daß meine Neigungen mich zu größerem Genuß befähigen. Glücklich, wer ihn sich zu verschaffen weiß, ohne irgendwem zu schaden, und töricht alle, die sich einbilden, das Höchste Wesen freue sich über Schmerzen, Mühsale und Verzichte, die sie ihm zum Opfer bringen.

Giacomo Girolamo Casanova Chevalier de Seingalt

1. Kapitel

Wie alles anfing. Casanova macht die Erfahrung des Hungers in einer Pension für Schulkinder in Padua. Erste Tändeleien. Zurück in Venedig. Casanova führt sich in die Gesellschaft ein. Nanetta und Martina. Er verliert seine Unschuld.

Giacomo Girolamo Casanova wurde am 2. April 1725 als Sohn eines venezianischen Schauspielerpaares in Venedig geboren. Seine Erinnerungen setzen erst mit seinem achten Lebensjahr ein, als seine Großmutter ihn zu einer Hexe brachte, die ihn von chronischem Nasenbluten befreite.

Casanova hat Glücks- oder Unglücksgefühle sein Leben lang intensiv mit körperlichen Empfindungen verbunden. Seine erste Erinnerung an Unglück und Verlassensein ist dann auch an die Erfahrung des Hungers gekoppelt. Im vorindustriellen Europa war dies übrigens eine Erfahrung, die für viele Menschen der ärmeren Schichten eine ständige Bedrohung darstellte. Seit dem 11. Jahrhundert hatte es nicht so viele Hungersnöte gegeben wie im 18. Jahrhundert. Letztlich waren ständige Versorgungsengpässe ja auch ein Auslöser für die Französische Revolution.

Der junge Giacomo wurde in Padua zur Schule geschickt, wo er später auch studierte, und zunächst in einer Art Privatpension für Schulkinder untergebracht. Er berichtet darüber folgendes: »Ich setzte mich zu Tisch; da ich vor mir einen Holzlöffel liegen sah, stieß ich ihn zurück und verlangte mein silbernes Eßbesteck, das ich liebte, weil es ein Geschenk meiner Großmutter war. Die Magd sagte mir, die Wirtin wünsche keine Unterschiede, und ich müsse mich dem Brauch fügen. Das mißfiel mir, aber ich gehorchte. Da ich nun wußte, daß gleiches Recht für alle gelten sollte, aß ich wie die andern meine Suppe aus der Schüssel, ohne mich über die Schnelligkeit zu beklagen, mit der meine Kameraden löffelten, aber voll Erstaunen, daß so etwas erlaubt war. Nach der elend schlechten Suppe gab es einen kleinen Bissen Stockfisch, dann einen Apfel, und damit war die Mahlzeit zu Ende. Es war Fastenzeit. Wir hatten übrigens weder Gläser noch Becher und tranken alle aus dem gleichen irdenen Krug eine scheußliche Flüssigkeit, ›graspia‹ genannt. Es war Wasser, in dem man abgebeerte Traubenstiele gekocht hatte. An den folgenden Tagen habe ich immer nur gewöhnliches Wasser getrunken. Diese Mahlzeit machte mich stutzig, denn ich wußte nicht, ob ich sie schlecht finden durfte.« Moralisch gesehen ist diese Erfahrung für den vor allem von seiner Großmutter verwöhnten Giacomo eine harte Erfahrung. Zum erstenmal in seinem Leben weint er aus Kummer. »So begann ich, für Unglück empfindungsfähig zu werden, und lernte, es mit Geduld zu ertragen.«

Bei diesen Kindheitserfahrungen macht sich aber auch schon ein weiterer Wesenszug Casanovas bemerkbar, nämlich ein großer Erfindungsreichtum, gepaart mit einer gewissen Skrupellosigkeit, wenn es darum geht, für die Befriedigung seiner heftigen Bedürfnisse zu sorgen. »Dieser rasende Hunger hätte mich zuletzt noch gänzlich entkräftet, hätte ich mich nicht aufs Stehlen verlegt und alles in mich hineingeschlungen, was ich irgendwo an Eßbarem fand, wenn ich sicher war, daß mich niemand sah. Ich habe binnen weniger Tage etwa fünfzig Räucherheringe aufgegessen, die in einem Schrank in der Küche lagen, wohin ich mich nachts im Finstern schlich, auch, ohne an verdorbenen Magen zu denken, sämtliche noch ganz frischen Würste, die im Rauchfang hingen; alle frischgelegten Eier, derer ich im Hühnerhof habhaft werden konnte, mundeten mir, noch ganz warm, besonders köstlich.«

Eine weitere Nahrungsquelle erschließt sich ihm nach der Ernennung zum Schulältesten, der die Arbeiten seiner Mitschüler korrigiert. »War ihr Latein voller Fehler, so bestachen sie mich mit gebratenen Rippchen oder Hühnchen, und oft gaben sie mir auch Geld. Doch begnügte ich mich bald nicht mehr damit, die Unwissenden zu schröpfen; die Habgier machte mich zum Tyrannen.« Als er wegen Erpressung abgesetzt wird, schreibt er an die geliebte Großmutter, die ihn aus seiner Notlage befreit und zu seinem Lehrer in Pension gibt, mit dessen Schwester Bettina er erste erotische Erfahrungen und auch den ersten Liebeskummer erlebt. Hier wird ein dritter wichtiger Wesenszug Casanovas deutlich, nämlich die Bereitschaft, erlebte Unbill schleunigst zu vergessen. »Meine Freude war unaussprechlich. Zum erstenmal verspürte ich die Kraft der Zufriedenheit, die das Herz eines jeden, der sie empfindet, zum Verzeihen und den Geist zum Vergessen aller Unannehmlichkeiten veranlaßt, die ihn bedrückt haben.«

Als junger Abate, also als niederer Kleriker, nach Venedig zurückgekehrt, macht er die Bekanntschaft des alten Senators Malipiero, der ihn in die bessere venezianische Gesellschaft einführt. Spätestens hier zeigt sich nun ein vierter und vielleicht der wichtigste, sicher aber der bekannteste Charakterzug Casanovas: eine geradezu frenetische Lebens- und Liebeslust. So verführt der siebzehnjährige, noch unschuldige Casanova gleich zwei Mädchen auf einmal, die beiden Schwestern Nanetta und Martina, in deren spröde Cousine Angela er ursprünglich verliebt gewesen war. Wie häufig in den Lebenserinnerungen beginnt die Verführung mit einem Abendessen, das, da das Treffen hinter dem Rücken der Tante stattfindet, aus einer von Casanova mitgebrachten geräucherten Zunge und Zyperwein besteht. »Sie legten rasch drei Gedecke auf, brachten Brot, Parmesankäse und Wasser, und unter Gelächter aßen sie und tranken mit mir den ihnen ganz ungewohnten Zyperwein, der ihnen bald in den Kopf stieg. Sie wurden reizend ausgelassen. Bei näherem Zusehen war ich überrascht, daß ich bis zu diesem Tage ihren wahren Wert nicht erkannt hatte.«

Die Neigung zu sinnlichen Mädchen, die gerne essen, trinken und lachen, wird Casanova sein Leben lang beibehalten. Unter Tändeleien und Freundschaftsschwüren vergeht der Abend.

»Die beiden stehenden Damen (Demoiselles Quantin)«
von Chodowiecki, Radierung von 1758

»Erst als ich mit Grund annehmen konnte, daß sie eingeschlafen waren, begann ich mich zu rühren. Wenn sie nicht schliefen, so stellten sie sich wenigstens schlafend. Sie lagen beide mit dem Rücken zu mir, und es war dunkel. Ich wandte mich zuerst der zu, die unmittelbar vor mir lag, ohne zu wissen, ob es Nanetta oder Martina war. Sie hatte die Beine angezogen und war in ihr Hemd gehüllt; da ich aber nichts übereilte und das Werk nur mit winzigen Schritten vorantrieb, kam sie zur Überzeugung, sie könne nichts Besseres tun, als sich schlafend stellen und mich gewähren lassen. Nach und nach schälte ich sie heraus, nach und nach streckte sie sich, nach und nach und mit ganz langsamen, aber stetigen und wunderbar natürlichen Bewegungen nahm sie eine Stellung ein, wie sie nicht einladender hätte sein können, wollte sie sich nicht verraten. Ich machte mich sogleich ans Werk, aber damit es vollkommen wurde, mußte sie so daran mitwirken, daß sie es nicht mehr leugnen konnte; und schließlich zwang die Natur sie zur Entscheidung. Ich fand sie zweifelsfrei unberührt, und da ich sehr wohl wußte, welchen Schmerz man dabei ausstand, war ich überrascht. Da ich mich zur unverbrüchlichen Beachtung eines Vorurteils verpflichtet fühlte, der ich eine Befriedigung verdankte, deren Süße ich zum erstenmal in meinem Leben auskostete, ließ ich mein Opfer in Ruhe und wandte mich nach der anderen Seite, um mit der Schwester, die auf meine ganze Dankbarkeit zählen durfte, ebenso zu verfahren.« Was Casanova bei diesem Erlebnis lernt, kann er im weiteren Verlauf seiner Lebensgeschichte noch häufiger gewinnbringend einsetzen. »Während meiner langen Laufbahn als Libertin hat mich mein unüberwindlicher Hang zum schönen Geschlecht alle Mittel der Verführung anwenden lassen, und ich habe einigen hundert Frauen, deren Reize mein Interesse geweckt hatten, den Kopf verdreht; aber den besten Erfolg hatte ich stets, wenn ich Novizinnen, deren moralische Prinzipien und Vorurteile der Eroberung im Wege standen, vorsorglich nur in Gesellschaft einer zweiten Frau angriff. Ich wußte schon früh, daß ein junges Mädchen sich einfach aus Mangel an Mut schwer verführen läßt, während es sich in Gegenwart einer Freundin verhältnismäßig leichter ergibt; die Schwächen der einen führen zum Fall der andern. Freilich bedarf es einer doppelten Anstrengung, aber man wird für seine Mühe reichlich entschädigt.« Den Erfolg dieser von Casanova häufiger praktizierten Verführungsstrategie erklärt er selbst psychologisierend folgendermaßen: »Eine falsche Scham hindert die eine wie die andere, der Verführung energischen Widerstand entgegenzusetzen; ist dann der erste Schritt einmal getan, ist der Fall unausbleiblich und rasch. Wenn die Freundin sich, um nicht erröten zu müssen, eine ganz unbedeutende Gunst rauben läßt, wird sie die erste sein, die andere zu einer größeren anzuspornen; und wenn der Verführer geschickt ist, hat sich die Unschuldige ahnungslos bereits zu weit vorgewagt, um noch zurückweichen zu können.« Es setzt dies allerdings voraus, daß Sexualität nicht unbedingt wie heute an Intimität gebunden ist, und in der Tat gewinnt man diesen Eindruck: Auch in Gesellschaft wird hier häufig unter Röcke gegriffen, und anderen beim Geschlechtsakt zuzusehen ist, wie wir noch mehrfach sehen werden, eigentlich nichts Besonderes.

Lingua di manzo affumicata

Geräucherte Rindszunge

Räuchern ist eine der ältesten Konservierungstechniken überhaupt und eignet sich vor allem für fetthaltige Nahrungsmittel. Das Räuchern einer Zunge ist eine ziemlich aufwendige Sache, die, wenn man nicht über spezielle Räuchergeräte und die entsprechende Erfahrung verfügt, kaum durchführbar ist. Ich empfehle deshalb, sich an einen guten Fleischer oder eine Räucherei zu wenden. Für ganz hartnäckige Experimentierer sei hier wenigstens ein Rezept aus dem 18. Jahrhundert zitiert:

»Es werden mehrere Rindszungen genommen, die Schlünde weggeschnitten, und drei Stunden in frischem Wasser gewässert; nachher mit dem Messer gut abgeschabt, rein gewaschen und zum Abtropfen gelegt. Auf drei Rindszungen werden etwa zwei Pfund getrocknetes Salz nebst zwei Loth gereinigtem Salpeter recht fein gestoßen und die Zungen recht damit eingerieben, dann mit ohngefähr vier Lorbeerblättern, einigen Sträußchen Thimian, Basilicum, Wacholderbeeren, Petersilie, grünen Zwiebeln, sechs Gewürznägeln und einem Theelöffel voll ganzem Pfeffer, so wie nach Belieben zwei Zinken Knoblauch und Schalotten, in einen Topf eingelegt, so daß keine großen Lücken bleiben und mit dem übrigen Salz bestreut; nachher wird der Topf gut geschlossen und das Eindringen der Luft möglichst abgehalten. Nach einigen Tagen kann man einen hölzernen Teller darauf legen und leicht beschweren, damit die Salzbrühe über die Zungen weggehe, oder sie manchmal wenden und immer wieder gut verwahren.

Vorstehende Pökelzungen werden, nachdem sie acht Tage im Salz gelegen haben, bei der Spitze aufgehangen und in die Feueresse gehenkt, um sie ganz langsam räuchern zu lassen, bis sie trocken sind.«

Kapitel 2

Der Bischof von Martirano oder Armut als Argument. Sodom und Gomorrha in Rom. Casanova läßt sich durch den Papst von den Fastenvorschriften befreien. Er beendet die kirchliche Laufbahn endgültig.

Für den weiteren Verlauf von Casanovas Leben entscheidend wird dann, daß er auf die kirchliche Laufbahn und damit auf eine gesicherte Laufbahn überhaupt verzichtet. Casanova war, obgleich er selbst lieber Medizin studiert hätte, von seiner Familie zum Studium der ungeliebten Jurisprudenz gezwungen worden. Im Alter von achtzehn Jahren promovierte er, was damals nicht ungewöhnlich war, zum Doktor beider Rechte. Seine Mutter, die schöne Zanetta, war damals am sächsischen Hof in Dresden engagiert und konnte nicht weiter für ihre Kinder sorgen. So hatte sie für Giacomo eine Anstellung beim Bischof von Martirano in Kalabrien erwirkt. Von hier aus sollte der junge Mann, der in Venedig mittlerweile als »Enfant terrible« galt, und seinem Vormund, Abate Alvise Grimani, lästig wurde, seine kirchliche Laufbahn beginnen.

Nachdem er sein Reisegeld erst einmal verspielt hat, verbündet er sich mit dem Franziskanermönch Bruder Stefano, der sich als Trinker, Betrüger und Dieb entpuppt. Diesem gelingt es während der langen Wanderung immerhin, seinen Reisegefährten ausreichend zu ernähren und häufig auch bei frommen Leuten ein Nachtquartier aufzutun. Persönlich angewidert durch einen Diebstahl des Mönches und der Ärmlichkeit der Reiseumstände überdrüssig, geht Casanova eigene Wege. Er begeht nun seinerseits seinen ersten wirklichen Betrug an einem griechischen Händler, dem er vorgaukelt, Quecksilber verdoppeln zu können, welches er in Wirklichkeit aber nur mit Blei und Wismut gestreckt hatte. Nachdem er sich mit seinem Opfer ausgesöhnt und ihm sein ›Geheimnis‹ verkauft hat, kann er nun den Rest der Reise recht komfortabel in einer Kutsche zurücklegen. »Ich war im Besitz von etwa hundert Zechinen, in bester Verfassung und stolz auf meinen Streich, bei dem ich mir, wie mir schien, nichts vorzuwerfen hatte. Mein geschicktes Vorgehen beim Verkauf meines Geheimnisses konnte nur einer Spießermoral mißfallen, die im praktischen Leben keinen Platz hat.«

Als er endlich in Martirano in Kalabrien anlangt, ist Casanova vor allem entsetzt über die Armut des Bischofs Bernardo de Bernardis. »Das Haus war ziemlich groß, doch schlecht gebaut und vernachlässigt. Es war so bar aller Einrichtungsgegenstände, daß er, um mir ein schlechtes Lager in einem Zimmer neben dem seinen herrichten zu lassen, eine seiner harten Matrazen abtreten mußte. Über sein erbärmliches Essen entsetzte ich mich. Aus Ergebenheit für seinen Orden aß er nur Fastenspeisen, und das Öl war schlecht. Im übrigen war er sehr gescheit und, was noch mehr besagen will, ein Ehrenmann.« Ein Entschluß ist schon am nächsten Morgen gefaßt, als Casanova in der vom Bischof zelebrierten Messe die Bevölkerung sieht. »Wie häßlich waren die Frauen! Ich erklärte Monsignore unmißverständlich, ich fühle mich nicht dazu berufen, binnen weniger Monate als Märtyrer in diesem Ort zu sterben.« Diese Art der Entscheidungsfindung ist für Casanova charakteristisch. Weitreichende Entscheidungen werden in der Lebensgeschichte häufig in der Laune eines Augenblicks gefällt.

Um dem Märtyrertod zu entgehen, reist er mit Empfehlungsschreiben des Bischofs versehen in die Ewige Stadt, in der Hoffnung, hier eine erfolgversprechende Laufbahn im Schoß der Kirche einschlagen zu können, ohne auf weltliche Freuden verzichten zu müssen. In Neapel verweilt er einige Zeit und wird in die bessere Gesellschaft eingeführt. Auch lernt er hier einen Namensvetter kennen, der sich als großzügiger Gönner erweist und mit dem ihn ein Phantasiestammbaum auch verwandtschaftlich zu verbinden scheint. Peinlich wird die Lage, als man ihn der Königin von Neapel vorstellen will. Er entschließt sich zur sofortigen Abreise.

»Überdies kannte die Fürstin meine Mutter, und nichts in der Welt hätte sie davon abhalten können, von deren Tätigkeit in Dresden zu sprechen. Don Antonio wäre darüber entsetzt gewesen und mein Stammbaum wäre lächerlich geworden. Ich kannte die unvermeidlichen und lästigen Folgen der landläufigen Vorurteile; sie hätten mich gesellschaftlich vollkommen erledigt.« Als Sohn von Schauspielern war Casanova im Verständnis der Ständegesellschaft, die den Wert eines Menschen hauptsächlich an seiner Herkunft zu messen pflegte, ein Außenseiter. Er selbst hat dies allerdings nie akzeptiert, so daß seine Lebensgeschichte als Kampf um Glück und Anerkennung in einer Gesellschaft gesehen werden muß, die diese Privilegien nur für bestimmte Mitglieder reserviert hatte. Andererseits zeigt sich an dieser Stelle aber auch, daß die alte Gesellschaft punktuell durchlässiger war als die heutige. Wenn man einmal, und sei es nur scheinbar, dazugehörte, konnte man offensichtlich leicht in die Verlegenheit geraten, einer Königin die Hand küssen zu sollen oder dem Papst einen persönlichen Besuch abzustatten.

Endlich in Rom angelangt, ist Casanova – obschon er mittlerweile einiges an Welterfahrung gesammelt hat – doch überrascht über die im Umkreis des Heiligen Stuhls herrschende Sittenlosigkeit. »Vor allem war ich überrascht, daß man Fleisch aß, obwohl es Samstag war, aber die zahlreichen Überraschungen in Rom hielten nicht länger als acht Tage an. Es gibt keine christliche und katholische Stadt auf der Welt, in der sich ein Mensch in religiösen Dingen weniger Zwang auferlegen muß als in Rom.« In einem Kaffeehaus wird er bald auch in die sexuellen Gepflogenheiten der Stadt eingeführt. Im 18. Jahrhundert hatten diese Treffpunkte eine eminent wichtige soziale Funktion und waren vor der Einführung einer freien Presse ein Umschlagplatz für Nachrichten aller Art. Man denke nur daran, daß der weltgrößte Versicherungskonzern, Lloyds, ursprünglich aus einem Londoner Kaffeehaus hervorgegangen ist, in dem die Agenten mit ihren Kunden Kontakt hielten, weil dort die Nachrichten über verlorengegangene Schiffe zuerst eintrafen.

»Ich hörte, wie ein junger Abate mit lauter Stimme eine wahre oder erfundene Begebenheit erzählte, die unmittelbar, doch ohne Gehässigkeit, die Rechtsprechung des heiligen Vaters angriff. Alles lachte und stimmte ihm bei. Einer wurde gefragt, weshalb er den Dienst beim Kardinal B. aufgegeben habe, und gab zur Antwort, Seine Eminenz fühle sich nicht verpflichtet, ihn zu bezahlen, abgesehen für gewisse außerordentliche Dienstleistungen, die er in der Nachtmütze forderte. Das Gelächter war allgemein. Einer sagte zu Abate Gama, wenn er den Nachmittag in der Villa Medici verbringen wolle, werde er ihn dort in Gesellschaft von zwei jungen römischen Mädchen finden, die sich mit einem quartino zufriedengäben. Das ist eine Goldmünze im Wert von einer Viertelzechine. Einer trug ein aufrührerisches Sonett gegen die Regierung vor, das sich etliche abschrieben. Einer las ein selbstverfaßtes satirisches Gedicht, das die Ehre einer Familie zerstörte. Ich sah einen sympathisch aussehenden Abate hereinkommen. Seine Hüften und Schenkel ließen mich glauben, er sei ein verkleidetes Mädchen; das sagte ich zu Abate Gama, und er erwiderte, das sei Beppino della Mammana, ein berühmter Kastrat. Er winkte ihn herbei und erzählte ihm lachend, ich hätte ihn für ein Mädchen gehalten. Der Unverschämte musterte mich und sagte, wenn ich die Nacht mit ihm verbringen wolle, werde er mir gleichermaßen als Mädchen wie als Knabe aufwarten.« Casanova, der ja auf sexuellem Gebiet sonst recht aufgeschlossen war, hatte männlicher Homosexualität gegenüber sein Leben lang Vorbehalte.

Doch zurück zu den Eßsitten, die insofern eng mit der Sexualität zusammenhängen, als der Nahrungsentzug durch Fastenvorschriften in der katholischen Religion immer auch die sexuelle Energie im Visier hatte, die vor allem mit dem Fleischgenuß in Zusammenhang gebracht wurde. Im 18. Jahrhundert gab es wesentlich mehr Fastentage als heute, regional verschieden zwischen hundertzwanzig und hundertsechzig. Da sich die weltlichen und kirchlichen Oberschichten überwiegend von Fleisch ernährten, welches dann durch Fisch ersetzt werden mußte, bedeuteten diese Fastenvorschriften einen gravierenden und ungern praktizierten Eingriff in die Ernährungsgewohnheiten. Auch ist der Fisch ein sehr empfindliches Lebensmittel und war bei langen Transportwegen per Kutsche schlecht zu konservieren. Er war im Grunde nur dort genießbar, wo er gefangen wurde, also direkt am Meer oder an süßen Gewässern. Louis Sébastien Mercier, dem wir das umfassendste Porträt der Stadt Paris im 18. Jahrhundert verdanken, berichtet: »Seefisch ist in Paris nicht billig, trotz einer Senkung der Einfuhrzölle, die wir M. Turgot verdanken. Er ist fast niemals frisch. Er kann nur von den Küsten der Normandie oder der Picardie kommen, da ungesalzener Fisch nur einen Transport von dreißig bis vierzig Meilen verträgt. Die Versorgung des Hofes nimmt die schönsten Stücke, und der Pariser ißt den Ausschuß ... Wenn der Pariser sich frische Meerfische gönnen will, ist er gezwungen, nach Dieppe zu fahren.« Eine Ausnahme macht der Aal, der auch außerhalb des Wassers lange am Leben bleibt und sich deshalb länger hält, was auch die zahlreichen Aalrezepte in alten Kochbüchern erklärt. Die damals bekannten Konservierungstechniken Räuchern, Trocknen und Einsalzen wurden zwar häufig praktiziert, erfreuten sich aber keiner großen Beliebtheit und wurden als Notbehelf empfunden.

Die Fastenvorschriften wurden also gern umgangen. Man ließ sich davon befreien, z. B. wegen Krankheit, oder man griff zu einfallsreichen kulinarischen Listen. So schrieb Francesco Ridolfi, Erzkonsul der Accademia della Crusca: »Man darf nicht dem äußeren Anschein glauben; ich erinnere mich, in der Fastenzeit auf den Gastmählern der großen Kirchenmänner, wo man kein Ärgernis erregen will, weiße Gemüsesuppen, Seebarben, Seezungen und Forellen gesehen zu haben; aber die ersteren bestanden aus Speisetellern mit verflüssigten Masthähnen, die letzteren waren in Gestalt von Fischen aus Fleisch von Rebhühnern, schwarzen Frankolinen und Fasanen zusammengestellt.«

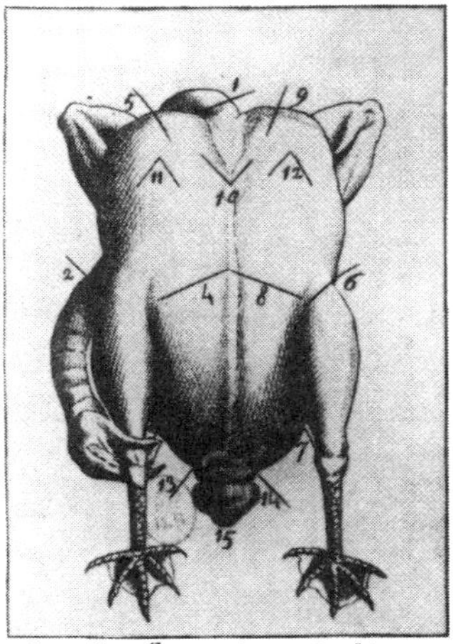

La Morelle ou la Poule d'eau

Pl. XI. P. 82.

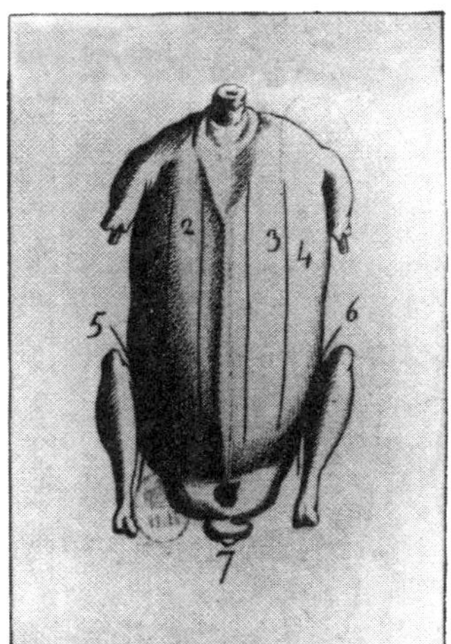

La Sarcelle

Eine vom Papst erhaltene schriftliche Sondergenehmigung, an Fasttagen Fleischgerichte zu essen, ein *Breve*, hob nicht nur enorm den sozialen Status, sondern war auch zumindest dann recht angenehm, wenn man sich nicht gerade an der Küste aufhielt, sondern beispielsweise in einer Stadt wie Paris.

Casanova, der in Rom in höchsten klerikalen Kreisen verkehrt, und sich im Hinblick auf seine Kirchenkarriere auch eine Zeit lang um einen einigermaßen seriösen Lebenswandel bemüht hat, erlangt ohne Schwierigkeiten Zugang zu Papst Benedikt XIV., der ihm wegen einer angeblichen Augenentzündung den Fleischgenuß während der Fastenzeit erlaubt.

Über Casanovas eigentliche Tätigkeit im Dienste der Kirche erfahren wir wenig. Dafür berichtet er uns ausführlich über sein Verhältnis mit Donna Lucrezia, der Frau eines Advokaten, die er schon auf der Reise kennengelernt hatte und die er während einer Landpartie gleich zusammen mit ihrer Schwester Angelica verführt. Sein Verhältnis zur Marquesa G., der Mätresse des Kardinals S. C., für den er dann auch gleich die lyrisch verliebte Korrespondenz mit der literarisch ambitionierten Dame erledigt, gestaltet sich komplizierter. Er hat es hier zum erstenmal mit einer Dame der vornehmen Gesellschaft zu tun, durch deren herablassende Haltung er sich gedemütigt fühlt. Wir werden noch sehen, daß sich unter den zahlreichen Eroberungen Casanovas relativ wenige Damen von Stand finden.

Endgültig beendet wird seine vielversprechende Laufbahn allerdings wiederum durch eine Liebesintrige, an der er ausnahmsweise nur indirekt beteiligt ist. Die hübsche Tochter seines Französischlehrers, Barbaruccia, plant mit ihrem Geliebten die Flucht. Als die Sache durch eine Razzia der Polizei aufzufliegen droht, flüchtet sie sich in den Palazzo, in dem Casanova wohnt. Gutmütig und selbstlos, wie er sich in solchen Fällen noch häufiger erweisen wird, versteckt er das Mädchen über Nacht. Sein Vorgesetzter, der Kardinal Aquaviva, dem er die Sache in aller Offenheit schildert, ist ihm zwar persönlich nicht böse, sieht sich aber aufgrund des Skandals gezwungen, ihn aus seinen Diensten zu entlassen. So erhält er wiederum eine Abfindung und verschiedene Empfehlungsschreiben und macht sich auf den Weg nach Konstantinopel.

Fagiano tartufato

Fasan mit Trüffeln

1 abgehangener Fasan
1 schwarzer Trüffel
1 1/2 Gläser Weißwein
1 Glas Cognac
100 g Schinkenspeck
100 g fetter Speck
75 g Butterschmalz
1 Zweig Rosmarin
ca. 5 Salbeiblätter

Den Fasan vorbereiten; Kiele wegzupfen, waschen und abtrocknen. Der Trüffel wird geputzt und mit dem Schinkenspeck durch den Fleischwolf gedreht. Anschließend den Fasan von innen und außen salzen und mit der Trüffel-Schinken-Masse füllen. Den fetten Speck in dünne Scheiben schneiden und damit den Fasan umwickeln. Mit Bindfaden befestigen. Butterschmalz in einer schweren gußeisernen Kasserolle erhitzen. Rosmarin und Salbei und später den Fasan hinzufügen, der erst angebräunt und dann mit dem Cognac begossen wird.

Dann etwas Weißwein nachgießen, den Topf mit einem Deckel verschließen und im vorgeheizten Backofen (200°) in etwa einer Stunde garen. Hin und wieder mit dem Bratenfett begießen und etwas Wein nachgießen.

Zubereitungszeit: 1 1/2–2 Stunden
Hauptgericht für 2 Personen

3. Kapitel

Ein köstliches Fastenessen im besten Gasthof von Ancona. Casanova verliebt sich in den Kastraten Bellino und will die Sängerin Teresa heiraten.

»Am 25. Februar 1744 traf ich bei Einbruch der Nacht im besten Gasthof Anconas ein. Ich war mit dem Zimmer zufrieden und sagte dem Wirt, daß ich zum Essen Fleisch wünsche. Er antwortete mir, in der Fastenzeit äßen Christen nur Fisch. Ich erwiderte ihm, der Papst habe mir die Erlaubnis dazu gegeben; er forderte mich auf, sie ihm zu zeigen. Ich entgegnete, er habe sie mir mündlich erteilt. Das wollte er mir nicht glauben. Ich nannte ihn einen Dummkopf. Er legte mir nahe, ich solle anderswo Quartier suchen; und dieses letzte Argument des Wirtes, auf das ich nicht gefaßt war, machte mich betroffen. Ich fluchte und tobte; da trat aus einem Zimmer eine würdige Persönlichkeit und erklärte mir, ich hätte unrecht, Fleisch essen zu wollen, weil in Ancona die Fischgerichte ohnehin besser seien; ich hätte unrecht, den Wirt zwingen zu wollen, mir auf mein Wort hin zu glauben, daß mir die Erlaubnis gewährt worden sei; besäße ich sie tatsächlich, so hätte ich unrecht, in meinem Alter darum nachgesucht zu haben; ich hätte aber auch unrecht, daß ich sie mir nicht schriftlich habe ausfolgen lassen; ich hätte unrecht, den Wirt einen Dummkopf zu schelten, denn es stehe in seiner Macht, mir kein Zimmer zu geben; schließlich hätte ich unrecht, so viel Lärm zu machen.« Diese stürmische Szene ist einigermaßen typisch für den jungen Casanova, dessen Verhalten meist weder seinem Alter noch seiner Position angemessen ist und nicht gerade Bescheidenheit verrät. Selbstkritisch merkt er an: »Als ich seine kühle Weisheit mit meinem ungestümen Draufgängertum verglich, mußte ich zugeben, daß er würdig war, mir Lehren zu erteilen.« Don Sancho, so heißt der würdevolle Spanier, bringt dann auch die Sache mit dem Wirt in Ordnung und leistet Casanova beim Fastenessen Gesellschaft. »Er wunderte sich über den Appetit, mit dem ich alles aß, was mir aufgetragen wurde, und fragte schließlich, ob ich zu Mittag gegessen hätte; als ich das verneinte, schien er zufrieden. ›Wird das Abendessen Ihnen nicht schlecht bekommen?‹ fragte er mich. ›Ich habe im Gegenteil allen Grund zur Hoffnung, daß es mir sehr gut bekommen wird‹. ›Dann haben Sie also den Papst betrogen‹.« Daß Casanova den Papst betrogen hatte, steht außer Frage, denn weder vorher noch nachher berichtet er von einer Augenentzündung, obschon er sonst auch peinliche Krankheiten detailliert beschreibt und häufig die Therapien erörtert. Hier zeigt sich sein schon erwähntes großes Interesse an der nicht eben fortschrittlichen Medizin des 18. Jahrhunderts. Die Frage ist nur, warum er sich die Genehmigung, in der Fastenzeit Fleisch zu essen, nicht schriftlich geben ließ. Die Lösung findet sich möglicherweise in einer Anekdote, die über den berühmten Verfasser der *Persischen Briefe*, Montesquieu, berichtet wird.

Als dieser 1729 Rom verlassen wollte und sich von Benedikt XIII. verabschiedete, wollte dieser ihm, als Zeichen persönlicher Wertschätzung, eine lebenslängliche Erlaubnis des Fleischkonsums während der Fastenzeit erteilen. Er dankte Seiner Heiligkeit und wollte hinausgehen, als man ihm zusammen mit der schriftlichen Bestätigung eine beachtliche Rechnung für dieses fromme Privileg präsentierte. Montesquieu gab dem Sekretär das *Breve* mit den Worten zurück, »ich danke Ihrer Heiligkeit für Ihre Aufmerksamkeit, doch ist der Papst ein so ehrenwerter Mann, daß ich mich an sein Wort halten werde, und Gott auch.« Bei Casanova könnte die schriftliche Ausfertigung ebenfalls an der Bezahlung gescheitert sein.

Don Sancho verspricht, ihn der Primadonna vorzustellen, die im Nebenzimmer wohnt, damit man nach dem Essen noch gute Musik hören könne. »An einem Tisch erblickte ich eine nicht mehr ganz junge Frau mit zwei Mädchen und zwei hübschen Knaben beim Abendessen. Ich schaute mich vergeblich nach der Schauspielerin um. Don Sancho stellte sie mir in der Person eines der beiden Knaben vor; er war bildhübsch und konnte nicht älter als sechzehn oder siebzehn Jahre sein. Ich dachte gleich, daß er der Kastrat war, der die Rolle der Primadonna im Theater von Ancona gespielt hatte, für das die gleichen Gesetze gelten wie in Rom.« Von 1532 bis 1860 gehörte Ancona zum Kirchenstaat, in dem es Frauen strengstens untersagt war, in Bühnenrollen aufzutreten. Obschon es ebenfalls untersagt war, kleine Jungen zu kastrieren, um ihre Knabenstimmen zu erhalten, war dies bis ins 19. Jahrhundert hinein gängige Praxis, denn man mußte ja die Frauenrollen in der Oper irgendwie besetzen. Da die Operation verboten war, bestehen hierüber kaum Aufzeichnungen, doch bewegen sich kompetente Schätzungen zwischen zweitausend und viertausend Kastrationen pro Jahr für Italien. Heute noch bekannt ist der Kastrat Farinelli (von dem Casanova ebenfalls berichtet), der es am spanischen Hof zu soviel Macht und Einfluß brachte, daß man glaubte, sich seiner entledigen zu müssen. Für diese Opfer der musikalischen Sinnlichkeit scheint die damals ohnehin merkwürdige Stellung des Schauspielers zwischen höchster Gunst des Fürsten und einer gesellschaftlichen Randexistenz besondere Höhen und Tiefen bereitgehalten zu haben.

Während einer künstlerischen Darbietung von Bellinos Sangeskunst entflammt Casanova sogleich heftig für den jungen Kastraten, den er auf Anhieb für ein Mädchen hält. »Die Männerkleidung verbarg schlecht die Rundung des Busens, und trotz der vorherigen Erklärung setzte ich mir in den Kopf, er müsse ein Mädchen sein. In dieser Gewißheit widersetzte ich mich nicht im geringsten dem Verlangen, das er mir einzuflößen begann.«

Die Situation ist relativ zeittypisch. Eine verarmte Familie wartet in einem Gasthof auf Einnahmemöglichkeiten, denn außer Bellino hat hier niemand ein hervorstechendes Talent.

»Der Impresario Rocco Argenti«, erklärt die Mutter die Notlage, »ist ein Unmensch, denn er hat uns nur fünfzig römische Scudi für den ganzen Karneval gegeben. Die haben wir für den Unterhalt verbraucht, und nun können wir nur zu Fuß und Almosen bettelnd nach Bologna zurückkehren.« Die Mutter kränkelt, der Sohn Petronio arbeitet ganz unverhohlen als Lustknabe, und die beiden minderjährigenTöchter sind mehr oder weniger darauf abgerichtet, ihre jugendlichen Reize an den Mann zu bringen. Wie häufig in solchen Situationen hilft Casanova großzügig mit Geld aus, nicht ohne selbst auf seine Rechnung zu kommen. Trotz mehrerer verzweifelter Versuche, seine brennende Neugier zu befriedigen, scheitert er immer wieder daran, sich handgreiflich oder wenigstens mit eigenen Augen Gewißheit über Bellinos wahres Geschlecht zu verschaffen. Dieser weiß zwar, sicher auch im Interesse der notleidenden Familie, Casanovas Interesse durch diverse Versprechungen wachzuhalten, doch entzieht er sich einer eingehenden Prüfung immer wieder in letzter Minute. »Diese Halsstarrigkeit ärgerte mich, denn ich hatte bereits fünfzehn oder sechzehn Zechinen aufgewendet, um meine Neugier zu befriedigen. Verstimmt setzte ich mich zu Tisch; doch der Appetit der drei reizenden Geschöpfe gab mir meine ganze gute Laune wieder, und ich beschloß, mich an den jüngeren Schwestern für das ausgegebene Geld schadlos zu halten.«

Hinter solch merkantilen Erwägungen verbirgt sich bei Casanova allerdings keinerlei Zynismus, und er war sein Leben lang weit davon entfernt, Frauen wegen ihrer Käuflichkeit zu verachten, die im übrigen Freundschaft und Liebe nicht im Wege stand. »Cecilia war reizend, aber ich hatte bisher nicht die Zeit gefunden, sie zu begehren; so konnte ich ihr auch nicht sagen, sie habe mich glücklich gemacht. Dafür sagte sie es zu mir, aber ich fühlte mich nicht sehr geschmeichelt. Immerhin wollte ich es gern glauben. Sie war zärtlich, ich war zärtlich; ich schlief in ihren Armen ein, und als ich erwachte, schenkte ich ihr nach dem morgendlichen Liebesgruß drei Dublonen, die ihr wohl lieber waren als

Moreau (»Le Jeune«), »Nach dem Souper«

Schwüre ewiger Treue, sinnlose Schwüre, die ein Mann auch der schönsten aller Frauen gegenüber nicht halten kann. Cecilia brachte ihren Schatz der Mutter, die vor Freude weinte und ihren Glauben an die göttliche Vorsehung beteuerte.«

Casanova selbst bewegt sich seinerseits, wie wir später noch sehen werden, bisweilen an den Grenzen zur Prostitution, die er auch manchen seiner männlichen Bekanntschaften als Einnahmequelle nahelegt. Obwohl die Prostitution in Frankreich und Italien im 18. Jahrhundert verboten und mit hohen Strafen belegt war, war ihre Verbreitung nahezu allgemein. Der Grund hierfür ist sicher darin zu sehen, daß es für Frauen kaum selbständige Berufe gab, die ihnen ein ausreichendes Einkommen gesichert hätten. Auch Künstlerinnen, wie Tänzerinnen und Schauspielerinnen, wurden meist so schlecht bezahlt, daß sie auf den Nebenerwerb durch einen reichen Gönner angewiesen waren. Die mächtigsten Frauen im Staat, die Pompadour oder die Dubarry, die Mätressen des Königs, standen nur an der Spitze der Hierarchie von Mätressen, Kurtisanen, Kokotten und Huren.

Casanovas Lebenserinnerungen führen uns den Zusammenhalt der gesellschaftlichen Außenseiter vor, die sich mangels sozialer Sicherungssysteme gegenseitig halfen. Getragen und stabil gehalten wird diese Allianz von einer soliden »Eine Hand wäscht die andere«-Mentalität. Casanova selbst hat sich, obschon er sich oft erfolgreich bemüht hat, seiner gesellschaftlichen Festlegung zu entrinnen, dieser Internationale der Außenseiter immer verbunden gefühlt. Wir sehen ihn häufig ins Unglück geratene Frauen sowie andere Glücksritter auch ohne jede Gegenleistung unterstützen. Einer italienischen Schauspielertruppe verschafft er mit der folgenden Begründung eine Auftrittsgenehmigung: »Sie war häßlich, aber sie war Italienerin und arm, und ohne lange nach ihrem Namen zu fragen oder mich zu erkundigen, ob die Truppe der Mühe wert war, versprach ich ihr, mich für sie zu verwenden, und verschaffte ihr auch ohne Schwierigkeit die erwünschte Vergünstigung.«

Kehren wir aber zurück in den besten Gasthof von Ancona mit seinem auf die Fastenvorschriften bedachten Wirt. Obschon Casanova sich schon einmal mit den beiden »Rosenknospen« vergnügt, gilt sein Hauptinteresse weiter dem hübschen Kastraten und der Frage, ob er oder ob er nicht…? Da sich seine Abreise aufgrund dieser Wißbegier um mehrere Tage verzögert, geben nun er und Don Sancho abwechselnd erlesene Festessen, zu denen man sich wechselseitig und unter Einschluß der bedürftigen Familie einlädt. »Das Mahl Don Sanchos war köstlich und, wie nur recht und billig, dem meinen überlegen, denn anders hätte er sich in seiner Ehre gekränkt gefühlt. Er tischte uns weiße Trüffeln auf, Muscheln verschiedener Art, die besten Fische aus dem Adriatischen Meer, nicht moussierenden Champagner, Peralta, Jerez und Pedro Jimenez. Nach dem Essen brachte uns Bellinos Gesang um den Rest des Verstandes, den die ausgezeichneten Weine uns noch gelassen hatten.« Ein Wort zu den erwähnten Weinen. Im 18. Jahrhundert liebte man sehr süße Weine. Don Sancho war Spanier und bekleidete einen hohen Posten bei der spanischen Armee. Es war daher nichts Ungewöhnliches, daß er erlesene spanische Weine mitführte. Der Peralta war ein sehr süßer Dessertwein, die beiden andern ungefähr das, was wir heute unter Sherry verstehen, der übrigens auch nur so heißt, weil die Engländer ›Jerez‹ nicht aussprechen konnten. Der nicht moussierende Champagner ist historisch einfach älter als der moussierende, dessen Erfindung wie die des Penicillins zunächst ein Unfall war, der dann kultiviert wurde. Schon lange vorher war die Champagne jedoch ein bedeutendes Weinanbaugebiet gewesen. Im 18. Jahrhundert existieren beide Arten nebeneinander, und wir begegnen ihnen in der Lebensgeschichte häufiger.

Cape sante ›Bellino‹

Jakobsmuscheln mit Lauch und Sellerie

400 g Jakobsmuscheln (ausgelöst)
50 g Butter
1 fein gehackte Schalotte
1 kleine, sehr fein gehackte Knoblauchzehe
1 weißer, zarter Stengel Stangensellerie, in Streifen geschnitten
1 Porreestange, davon das Weiße, in Röllchen geschnitten
3 Eßlöffel gehackte Petersilie
Salz und Pfeffer

Die Butter schmelzen und darin vorsichtig Schalotte, Knoblauch, Sellerie und Porree andünsten. Die Jakobsmuscheln hinzufügen und 10–12 Minuten mitdünsten. Mit Salz und Pfeffer abschmecken und mit der gehackten Petersilie überstreuen.

Zubereitungszeit: ca. 45 Minuten
Als Vorspeise für 4 Personen

Als Casanova endlich doch abreist, nimmt er Bellino mit, der aufgrund eines Engagements in Rimini den gleichen Weg hat. Im Postgasthof in Senigallia, wo sie sehr spät ankommen und wo Bellino sich überraschenderweise bereit erklärt, mit Casanova in einem Bett zu schlafen, kommt es denn auch endlich zu der ersehnten sexuellen Begegnung: »Kaum hatte ich mich hingelegt, fühlte ich bebend, wie er sich an mich schmiegte. Ich preßte ihn an meine Brust und spürte, daß er vom gleichen Verlangen beseelt war. Wir begannen unser Zwiegespräch mit einer Flut nicht endenwollender Küsse. Er ließ als erster seine Hände über meinen Rücken bis zu den Hüften hinunterwandern. Die meinen griffen noch tiefer, und die volle Aufklärung machte mich glücklich; ich fühlte, ich fühlte abermals und war überzeugt. Ich hatte recht gehabt und erhielt Genugtuung; daran konnte ich nicht mehr zweifeln. Über das Wieso zerbrach ich mir nicht den Kopf; ich fürchtete, ein Wort von mir könnte mein Glück beenden oder ihm einen Charakter geben, den ich nicht wollte. Mit Leib und Seele überließ ich mich der Freude, die mein ganzes Wesen durchflutete und offenbar auch geteilt wurde. Das Übermaß meines Glückes bemächtigte sich aller meiner Sinne und steigerte sich bis zu jenem Grad, wo die Natur, in höchster Lust ertrinkend, sich erschöpft. Für die Dauer einer Minute verharrte ich regungslos in Gedanken und bewundernder Betrachtung meiner eigenen Apotheose.« Casanova gewährt uns hier auch einen kurzen Blick hinter die Kulissen seiner häufig mythologisierten Potenz: »Noch waren keine zwei Minuten verstrichen, als wir, ohne unser beredtes Schweigen zu brechen, in vollem Einverständnis darangingen, uns der Wirklichkeit unseres beiderseitigen Glücks erneut zu versichern. Bellino bewies es mir jede Viertelstunde durch die zartesten Seufzer, während ich das Ende meines Rittes immer wieder hinauszögerte. Mein Leben lang beherrschte mich die Sorge, mein Renner könnte einen neuen Start verweigern; diese Zurückhaltung empfand ich niemals als quälend, denn meine Lust war immer schon zu vier Fünfteln im Anblick der Wonne beschlossen, die ich schenkte.« Die Verführungsszene gipfelt in dem herrlichen Satz: »Bellino brach als erster das Schweigen und fragte mich, ob sie eine gute Geliebte gewesen sei.« Casanovas Anziehungskraft auf Frauen hat, wie diese Szene deutlich zeigt, gewiß etwas mit seiner großen Bereitschaft zu tun, auf die Wünsche der Geliebten einzugehen. An anderer Stelle formuliert er aphoristisch: »Ein sehr berechtigtes natürliches Gefühl belehrt einen denkenden Menschen, daß ein sicherer Weg zum Gewinnen der Liebe eines Menschen der ist, ihm irgendwelche neuen Freuden zu verschaffen.«

Es folgt dann die traurige Lebensgeschichte des Mädchens, das in Wirklichkeit Teresa heißt. »Ich war tief beeindruckt von den Bekenntnissen aus dem Munde dieses Mädchens, von seiner Schönheit, seiner Begabung, der Lauterkeit seiner Seele, seinen Empfindungen und seinem Unglück.« Casanova beschließt also auf der Stelle, Teresa zu heiraten. »So entschloß ich mich, ihr Schicksal mit dem meinen zu verbinden, oder mein Schicksal mit dem ihren, denn unsere Lage war ungefähr die gleiche.« Wenn wir Casanovas größter Liebe auch erst im nächsten Kapitel begegnen werden, so war seine Beziehung zu Teresa sicher die aufrichtigste, die er je zu einer Frau hatte. Da beide gleichermaßen soziale Außenseiter sind, unterliegt keiner dem Zwang, dem andern etwas vorzumachen. Das Selbstporträt, das Casanova gegenüber Teresa von sich entwirft, ist von geradezu entwaffnender Ehrlichkeit. »Du hältst mich für reich; aber ich bin es nicht. Wenn ich das Geld in meiner Börse ausgegeben habe, besitze ich nichts mehr. Du hältst mich vielleicht für einen hochgeborenen Mann; dabei bin ich von niedrigerer oder höchstens gleicher Herkunft wie du. Ich habe keinerlei geldbringendes Talent, keine Anstellung, keinen Anlaß zu der Gewißheit, daß ich in einigen Monaten noch zu essen haben werde. Ich habe weder Verwandte noch Freunde, auch keine Anrechte zu verfechten; ich habe noch nicht einmal klare Zukunftspläne. Alles, was ich letztlich besitze, sind Jugend, Gesundheit, Mut, ein bißchen Verstand, Ehrgefühl und Rechtschaffenheit, schließlich einige bescheidene literarische Versuche. Mein großer Reichtum ist der, daß ich mein eigener Herr bin, von niemandem abhänge und kein Mißgeschick fürchte. Mein Charakter neigt zur Verschwendung. So bin ich.«

Die Sache mit der Hochzeit wird natürlich aus diversen äußeren und inneren Gründen nichts. »Allein schon der Gedanke, meine Liebe könne Teresas Erfolg im Wege stehen, ließ mich erschauern; an einer Reise mit ihr nach Neapel hinderte mich meine Eigenliebe, die noch stärker war als das Feuer, das mich für sie verzehrte.« Doch trägt man sich auch nichts nach. Als er Teresa, die mittlerweile eine weit über Italien hinaus berühmte Sängerin ist, zwanzig Jahre später wiedertrifft, nehmen sie ihre Beziehung kurzfristig wieder auf. Casanova wird noch häufiger kurz vor der Hochzeit stehen, doch ist er niemals eine Ehe eingegangen. Selbst zwei sehr vorteilhafte Geldheiraten schlug er aus: »Ich habe die Frauen bis zum Wahnsinn geliebt, aber stets zog ich ihnen meine Freiheit vor. Wenn ich mich in Gefahr befand, sie einzubüßen, gelang es mir stets, wenn auch mit knapper Not, mich zu retten.«

4. Kapitel

Casanovas größte Liebe: Henriette. Ein französischer Gasthof in Parma.

Casanova hat inzwischen schon wieder einiges erlebt. Er hat den Priesterrock abgelegt, ist Soldat geworden und nach Konstantinopel gereist. Seinen bisherigen gesellschaftlichen Tiefststand hat er erreicht, als er die Uniform wieder ablegt und in Venedig Theatergeiger wird. Zahlreiche Liebesabenteuer haben seine Reisen und seinen gesellschaftlichen Absturz begleitet. Dann tritt wieder einmal einer jener Glücksfälle ein, die für die Wendepunkte der Lebensgeschichte charakteristisch sind. Auch hierbei hatte Casanova dem Schicksal etwas auf die Sprünge geholfen. Ein älterer Herr, Senator seines Zeichens, erlitt in seiner Gondel einen Schlaganfall und wurde von Casanova nach Hause gebracht und betreut. Signor Bragadin und seine beiden Freunde Dandolo und Barbaro, drei alte und etwas verschrobene Junggesellen, verfallen Casanovas kabbalistischen Fertigkeiten, so daß sich der edle Lebensretter nicht nur Freunde, sondern veritable Gönner erwirbt und somit seinen Finanzen eine solide und dauerhafte Grundlage verschaffen kann.

Wir treffen ihn nun in einem Gasthof in Cesena wieder, wo ihm soeben die Hebung eines Schatzes mißglückt ist, die er mit Hilfe des Schwertes hatte vollbringen wollen, mit dem der Apostel Petrus dem Malchus auf dem Ölberg ein Ohr abgeschlagen hatte. Der Gasthof ist sicherlich einer der wichtigsten Orte in Casanovas Universum. Dies liegt zum einen daran, daß der

Liebhaber ohne festen Wohnsitz die meiste Zeit seines Lebens in Gasthöfen verbracht hat. Zum andern erfüllt der Gasthof im 18. Jahrhundert auch noch andere Funktionen als heute. Ähnlich wie das schon erwähnte Kaffeehaus, ist er ein wichtiger Dreh- und Angelpunkt für den Erhalt von Nachrichten und das Anknüpfen von Beziehungen. Außer Kaufleuten und Wandergesellen hatten die Vertreter bürgerlicher Berufe im 18. Jahrhundert meist weder die Mittel für weite Reisen noch Interesse daran. Die Adeligen hingegen waren häufig nicht darauf angewiesen, in einem Gasthof zu logieren, da sie entweder ihre eigenen Güter bereisten oder sich gegenseitig dort besuchten. So findet sich hier eine relativ hohe Konzentration gesellschaftlicher Außenseiter, Abenteurer, Schriftsteller, Künstler, fliegende Händler und Theatervolk, die alle auf die ganz große Chance im Leben warten. Häufig fehlt auch einfach nur das Geld, endlich die Rechnung zu bezahlen und weiterzureisen. Symptomatisch für diese Zustände ist auch die Tatsache, daß der große Preußenkönig Friedrich II. regelmäßig Gästelisten anforderte, wobei er dann besonders interessante Gäste einlud. So stieß er auch eines Tages auf Johann Sebastian Bach, der, noch in Reisestiefeln, sofort nach einem von Friedrich vorgegebenen Thema zu improvisieren begann.

Doch zurück in den Gasthof. Casanova wird eines morgens wach, als Polizeispitzel die Tür des Nebenzimmers aufbrechen. Es handelt sich um eine Kontrolle der Kirchenbehörde, hinter der er aber sogleich ein Komplott des Wirtes wittert, der sich an seinen Gästen bereichern will. Kompliziert wird die Lage dadurch, daß der mit einem Mädchen im Bett liegende ältere Herr ein ungarischer Offizier ist, der sich nur auf lateinisch verständigen kann. Natürlich mischt sich Casanova spontan ein und hilft seinem Zimmernachbarn, sich gegen den Wirt und die Kirchenbehörden durchzusetzen. »Der Eifer, mit dem ich mich dieser Sache angenommen hatte, entsprang scheinbar meinem Gerechtigkeitssinn, der es nicht ertragen konnte, daß man einen Fremden so behandelte; aber was mich so streitbar machte, war ein viel stärkeres Motiv. Ich stellte mir das Mädchen, das bei ihm lag, als sehr begehrenswert vor und brannte darauf, ihr Gesicht zu sehen. Die Scham hatte es ihr nicht erlaubt, den Kopf herauszustrecken. Sie hatte mich gehört, und ich war sicher, ihr gefallen zu haben.« Interessant hieran ist Casanovas sexuelle Phantasie, denn er begehrt das Mädchen schon, bevor er auch nur eine Haarlocke von ihr gesehen hat. Er weiß lediglich, daß sie Männerkleidung trägt. Bei einem Wiedergutmachungsessen bei General Spada, dem er den Fall vorgetragen hatte, trägt das Mädchen eine elegante Phantasieuniform. Casanovas Beschluß steht augenblicklich fest. Obschon er ursprünglich nach Neapel unterwegs war, beschließt er spontan, mit dem Paar nach Parma zu reisen: »Die Geliebte des Offiziers hatte mein Interesse bereits geweckt, als die Decke sie noch ganz verhüllte. Sie gefiel mir, als sie ihren Kopf hervorstreckte, und noch viel mehr, als sie aufgestanden war; aber sie krönte ihr Werk, als sie bei Tisch eine Art von Geist entwickelte, der mir überaus gefiel und den man in Frankreich häufig, in Italien jedoch selten findet. Ihre Eroberung schien mir nicht schwierig, und ich sann auf Mittel, die ich dafür einsetzen konnte. Da ich ohne die geringste Überheblichkeit fand, daß ich besser zu ihr paßte als der Offizier, erwartete ich nicht, bei ihr auf Schwierigkeiten zu stoßen. Ich hielt sie für einen jener Charaktere, welche die Liebe nicht ernst nehmen und sich leicht nach den Umständen richten; sie passen sich an und gehen alle möglichen Bindungen ein, die der Zufall bietet.« Mit anderen Worten, Casanova hält Henriette zunächst für eine Abenteurerin. Der unkomplizierte Wechsel von dem ungarischen Offizier zu Casanova, der auch die Männerfreundschaft in keiner Weise beeinträchtigt, scheint diese Sicht der Dinge zunächst zu bestätigen.

Doch bleibt Henriette, verglichen mit den vielen sinnenfrohen Mädchen, die Casanova in klaren Farben gezeichnet hat, merkwürdig verschwommen und unkörperlich: »Ich bestellte sogleich ein Abendessen für Henriette und für mich. Die Größe meines Glücks überstieg meine Fassungskraft; trotzdem machte ich ein trauriges Gesicht, und da es auch Henriette so erging, konnte sie es mir nicht vorwerfen. Wir aßen recht wenig und sprachen kaum, denn unsere Gespräche schienen uns schal; vergebens sprangen wir von einem Thema zum anderen, um ein interessantes zu finden. Wir wußten, wir würden zusammen schlafen; aber wir wären uns taktlos vorgekommen, wenn wir es ausgesprochen hätten. Was für eine Nacht! Was für eine Frau, diese Henriette, die ich so geliebt habe! Die mich so glücklich machte!« Casanovas Diskretion und das vollkommene Auslassen der Liebesnacht sind insofern auffällig, als er sonst auch völlig unbedeutende Details seiner amourösen Höchstleistungen hinausposaunt, während wir hier überhaupt nichts erfahren. Auch ist die hier beschriebene Stimmung eindeutig bedrückt und steht in einem merkwürdigen Gegensatz zu den Ausrufen der Beglückung. Von der Vorfreude bei einem reichhaltigen Mahl, wie sie sonst meist den Verführungsszenen vorangeht, ist hier nichts zu spüren. Da er zu diesem Zeitpunkt der Erzählung noch überzeugt ist, es mit einer Abenteurerin zu tun zu haben, kann das ihm sonst eher fremde Taktgefühl hier nur das Mäntelchen des Schweigens sein, das er über Dinge legt, die er nicht erzählen möchte.

In Parma angekommen, steigt man zunächst in einem französischen Gasthof bei d'Andremont ab, wo es französisches Essen und französische Weine gibt. Die französische Kultur galt seit Louis XIV. als europaweit vorbildlich, ja als die einzig wahre Kultur überhaupt. Es ist ja bekannt, daß der schöngeistige Preußenkönig Friedrich II. nur eben soviel Deutsch sprach, um seine Truppen zu befehligen, da er sonst auf Französisch zu konversieren pflegte, und stolz darauf war, die deutsche Literatur zu ignorieren. Die Italiener, die immerhin auf eine beträchtliche kulturelle Tradition verweisen konnten, scheinen sich dem französischen Geschmacksdiktat nicht ganz so bereitwillig gebeugt zu haben. Immerhin basiert ja die berühmte französische Küche, die im 18. Jahrhundert ausgebildet und im 19. Jahrhundert vervollkommnet wurde, ursprünglich auf den Errungenschaften italienischer Renaissanceköche, die mit Caterina de' Medici nach Frankreich gekommen waren.

Sicherlich geschieht die Wahl des Gasthofes aber auch mit Rücksicht auf Henriette, die Französin ist. In Parma wird nun Henriette auch äußerlich ganz zur Frau: Casanova kleidet sie unter beträchtlichem Aufwand neu ein. Er engagiert einen regelrechten kleinen Hofstaat aus Schuster, Näherinnen und Putzmacherinnen, die offensichtlich mit Henriette und Casanova speisen. Auch ein Sprachlehrer ist dabei, der Henriette die italienische Sprache beibringen soll. Interessant an dieser Szenerie ist die Erschaffung der Geliebten. Als ein moderner Pygmalion macht Casanova aus der vermeintlichen Abenteurerin eine Dame von Stand, als die sie sich dann letzten Endes auch erweist. Es ist dies übrigens eine der Rollen, in denen Casanova sich am liebsten sieht, und die er im Laufe seines Lebens noch häufiger spielen wird.

Erstaunlich ist jedoch, wie blutleer die Episode in Casanovas Autobiographie bleibt. Wir erfahren über Henriette nichts als Gemeinplätze, und kein einziges körperliches Merkmal. Wir wissen nicht, ob wir sie uns groß oder klein, blond oder dunkel, kräftig oder schmal vorstellen sollen. Wenn Casanova ständig ihren sprühenden Geist rühmt, den er nun plötzlich dem Sinnengenuß vorzieht, und nicht mehr wie sonst als dessen notwendige Ergänzung betrachtet, so bleibt er uns doch eine überzeugende Kostprobe schuldig, falls man nicht einen Pubertätsstreich wie den folgenden für geistreich halten mag: »Man brachte Kaffee. Als Henriette dabei war, Zucker in Dubois' Tasse zu geben, fragte sie ihn, ob er ihn recht süß wolle. ›Madame, Ihr Geschmack ist auch der meine!‹ ›Sie wissen also, daß ich ihn gern ohne Zucker trinke; es freut mich sehr, daß Sie den gleichen Geschmack haben wie ich.‹ Nach diesen Worten gab sie ihm den Kaffee ohne Zucker; dann zuckerte sie den Kaffee für de la Haye und für mich, tat aber kein Körnchen in die eigene Tasse. Am liebsten wäre ich herausgeplatzt, denn die Arglistige, die den Kaffee sonst sehr süß liebte, trank ihn an diesem Tage bitter, um

Mallet, »Le Déjeuner du matin« (Ausschnitt)

Dubois für das alberne Kompliment zu bestrafen, er habe den gleichen Geschmack wie sie.« Daß die beiden, als sie wieder allein sind, noch lange über den gelungenen Streich lachen, wirft doch ein recht trauriges Licht auf die sprühende Geistigkeit der Beziehung.

Ohne daß die glücklich Liebenden es ahnen, ist das Unheil schon im Verzug, und das Verhängnis nimmt seinen Lauf, um diese Idylle endgültig zu zerstören. Henriette, die mittlerweile auch von Casanova für eine Dame von Stand gehalten wird, ohne daß sie ihre Identität preisgegeben hätte, wird bei einem gesellschaftlichen Großereignis von Monsieur d'Antoine, einem Mitglied des französischen Hochadels, erkannt, der nun vermutlich die Rückkehr zu ihrer hochadeligen Verwandtschaft einleitet. Genaueres erfahren wir ebensowenig wie Casanova. Es muß dies aber letztlich das Ziel von Henriettes Reise nach Parma gewesen sein, denn schon zu Beginn der Episode, als sie noch mit dem Offizier reiste, hieß es, sie habe in Parma etwas zu erledigen. Casanova war ihr ja lediglich gefolgt. Aufgrund eines Machtwechsels in Parma, das an den Infanten von Spanien, Philipp, gefallen war, der mit einer Tochter Louis' XV. verheiratet war, hielten sich gerade viele französische Adelige in Parma auf, so daß es für eine aus der gleichen Gesellschaftsschicht stammende Französin sicherlich der ungünstigste Ort in ganz Italien gewesen wäre, um sich zu verstecken.

Die Ungereimtheiten dieser rätselumrankten Episode gehen aber noch weiter. Als Casanova Henriette etwa dreizehn Jahre später, bei Aix-en-Provence, wieder traf, will er sie nicht mehr erkannt haben, was nach einer intensiven Liebesbeziehung von vier Monaten schlicht unglaubwürdig ist.

Es drängt sich unweigerlich der Verdacht auf, daß Casanova nie mit seiner Angebeteten geschlafen, sondern ihr vielleicht einfach nur geholfen hat. Diese These würde jedenfalls alle Rätsel vorerst lösen, wie z.B. die Blutleere der Beschreibungen, die Betonung des geistigen Elementes in der Beziehung und Henriettens Verklärung ins Madonnenhafte. Ferner würde es auch einen später zitierten Brief erklären, in dem sie Casanova als den »ehrenhaftesten Mann, den ich kenne« bezeichnet haben soll. Und noch eine ganz banale Überlegung spricht dafür: Hätte sich Henriette, wenn sie, nach einer wie auch immer gearteten Verfehlung in den Schoß ihrer aristokratischen Familie zurückkehren wollte, auch noch dem Risiko einer Schwangerschaft aussetzen wollen?

Henriette steht ganz deutlich in der literarischen Tradition der fernen, toten oder verheirateten, in jedem Fall aber unerreichbaren und tugendhaften Geliebten, die meist auch von höherem Stand ist als ihr Anbeter. Diese Frauen, angefangen bei den »hohen Frauen«, die die Minnesänger des Mittelalters besungen haben, über Dantes Beatrice und Petrarcas Laura bis zu Rousseaus Julie, Goethes Charlotte und Flauberts Madame Arnoux, sind eigentlich immer Frauen ohne Eigenschaften und dienen vor allem als Projektionsfläche für die Gefühle eines Mannes. Daß Casanova, der es ja sonst mehr mit den Huren als mit den Madonnen hält, hier eine solch »hohe Frau« als sein eigentliches Ideal einführt, kann man ebenfalls als Indiz einer unerfüllten Sehnsucht lesen.

Bis Genf darf er die vermutlich zu ihrer Familie zurückkehrende Henriette begleiten. Hier steckt sie ihm noch schnell fünfhundert Louisdors zu und ritzt mit einem Brillantring in die Fensterscheibe des Gasthofes: »Tu oublieras aussi Henriette – Du wirst auch Henriette vergessen.« Hier allerdings irrte sie, denn Casanova hat sie genausowenig vergessen wie seine etwa einhundertzwanzig anderen Frauen und Mädchen.

Cailles ›Henriette‹

Wachteln in Parmaschinken, gefüllt mit Weintrauben

4 schöne große Wachteln
500 g kernlose, weiße Weintrauben
4 große Scheiben Parmaschinken
1 Strauß frischer Thymian
2 Eßlöffel gutes Olivenöl (extra vergine)
Weißer Pfeffer aus der Mühle

Man entferne von den Wachteln die dunklen Kiele und fülle sie anschließend mit reichlich Thymian und den kernlosen Trauben. Dann wickle man jede Wachtel in eine Scheibe Parmaschinken, beträufele sie vorsichtig mit dem Olivenöl und würze sie mit frisch gemahlenem Pfeffer.

In der Zwischenzeit den Backofen bei 200° C vorheizen, wenn möglich Umluft und Grill einstellen. Auf der zweiten Schiene von unten ca. 25 Minuten braten, die Wachteln sollten noch saftig und innen rosa sein. Nach dem Herausnehmen auf Weinblättern anrichten.

Zubereitungszeit: ca. 45 Minuten
Als Vorspeise für vier Personen, als Hauptgericht für zwei Personen ausreichend.

5. *Kapitel*

Erste Reise nach Paris. Eine Diskussion über das Frühstück im Boudoir einer Dame der Gesellschaft. Die Herzogin von Ruffec. Besuch des Nobelbordells ›Hôtel du Roule‹.

Nach dem tragischen Verlust Henriettes wird Casanova unter dem Einfluß einer Quecksilberkur beinahe fromm und kehrt zusammen mit seinem Retter de la Haye nach Venedig zurück. Die Erleuchtung hält natürlich nicht lange an, und so ergreift er schleunigst die Gelegenheit, mit seinem Freund Balletti, Sohn der in Paris bereits gefeierten Schauspielerin Silvia, eine Reise in die französische Hauptstadt zu unternehmen. Ziel der Reise sind glanzvolle Feste, die man dort in der Erwartung der Geburt des Herzogs von Burgund vorbereitet.

Wir erfahren, daß man damals für die Strecke Lyon-Paris mit der Postkutsche fünf Tage brauchte und daß Casanova sich in der zu stark gefederten Kutsche übergeben mußte. Obschon das Reisen damals sicher viel interessanter war als heute, war es auch für diejenigen, die sich eine Fahrt mit der Postkutsche leisten konnten, mit ziemlichen Unbequemlichkeiten verbunden. Doch die Freude überwiegt, und Casanovas lebenslange Liebe zu Frankreich ist eine Liebe auf den ersten Blick. »Besonders gefiel mir die Schönheit der großen Landstraßen, ein unsterbliches Werk Ludwigs XV., die Sauberkeit der Gasthöfe, die gute Küche und die Schnelligkeit, mit der man bedient wurde, die ausgezeichneten Betten, das bescheidene Auftreten der Person, die bei Tisch bediente; meistens war es die anmutigste Tochter des Hauses, deren Haltung, Sauberkeit und Benehmen es jedem unmöglich machte, sich irgendwelche Freiheiten zu erlauben. Wer von uns in Italien sieht schon gern die Hausknechte unserer Gasthöfe, ihre unverschämten Gesichter und ihre Frechheit? Damals wußte man in Frankreich noch nicht, was es heißt, jemanden übers Ohr zu hauen; Frankreich war die Heimat der Ausländer.« Die hymnischen Beschreibungen, die Frankreich zu einer Art gelobtem Land machen, beziehen sich natürlich auf das vorrevolutionäre Frankreich unter dem Ancien régime. Casanova reiht sich, indem er verlorene Paradiese beschwört, in die Phalanx der Revolutionsgegner ein. Er hat übrigens, von seinem späteren Duxer Exil aus, diverse Pamphlete gegen die Revolution verfaßt, wobei ein großes geplantes Werk leider als verloren gelten muß. Es ist für Casanovas weiteren Lebensweg nicht unwichtig, daß er in Lyon den Freimaurern beitritt. Er selbst begründet diesen Schritt ganz pragmatisch: »Jeder junge Mann, der reist, um die große Welt kennenzulernen, der sich heutzutage niemandem unterlegen und sich nicht vom Verkehr mit seinesgleichen ausgeschlossen sehen will, muß sich in das einführen lassen, was man die Freimaurerei nennt.« In der Tat waren viele seiner Freunde Freimaurer. Gerade für Casanova muß die Versuchung aber vor allem in der egalitären Utopie gelegen haben, denn innerhalb der Logen gab es keine Standesunterschiede, und man verkehrte von gleich zu gleich.

Casanova scheint bei diesem ersten Pariser Aufenthalt, der zwei Jahre dauerte, zunächst hauptsächlich in Schauspielerkreisen verkehrt zu haben, zu denen er durch die Familie Balletti automatisch Zugang erhielt. Hier macht er auch die Bekanntschaft Crébillons d.Ä., eines damals berühmten Bühnenschriftstellers, der ihm fortan Französischunterricht erteilt. Im Palais Royal, das damals ein großer öffentlicher Garten und eine der frequentiertesten Vergnügungsmeilen im vergnügungssüchtigen Paris war, lernt er den Literaten Patu kennen. Die beiden jungen Männer schließen sofort Freundschaft, und Patu wird sein ständiger Begleiter und Reiseführer, der ihn mit Sitten und Gebräuchen der fremden Stadt bekannt macht. Obwohl er sich im heimatlichen Italien schon durch manche Scharlatanerie hervorgetan hat, tritt er der fremden Großstadt zunächst ungewöhnlich schüchtern gegenüber. Immer wieder hebt er die Andersartigkeit der freien Pariser Sitten hervor, die ihn offenbar verwundert und als täppischen Provinzler erscheinen läßt. Seine mangelnden Französischkenntnisse und daraus resultierende Wortwitze machen den fünfundzwanzigjährigen Italiener bald zu einer Art Schoßhündchen einer gelangweilten Gesellschaft, die für jede Abwechslung dankbar ist.

»Mehrere Frauen von Rang baten mich zu sich, um Italienisch zu lernen und um sich, wie sie sagten, das Vergnügen zu verschaffen, mich im Französischen zu unterrichten; jedoch schnitt ich bei diesem Tausch besser ab als sie.

Madame Préaudeau, eine meiner Schülerinnen, empfing mich eines Morgens noch im Bett und sagte, sie habe keine Lust zu einer Unterrichtsstunde, weil sie am Abend zuvor eine Arznei genommen habe. Ich fragte sie, ob sie sich während der Nacht gut entleert habe. ›Was Sie alles fragen? Ihre Neugier ist unerträglich!‹ ›Mein Gott, wozu nimmt man sonst eine Arznei, als um sich zu entleeren?‹ ›Eine Arznei führt ab und läßt nicht entleeren; das sollte das letztemal in Ihrem Leben gewesen sein, daß Sie dieses Wort gebraucht haben.‹ ›Ich verstehe wohl, wenn ich jetzt darüber nachdenke, daß man mich mißverstehen kann; aber Sie mögen sagen, was Sie wollen, es ist der richtige Ausdruck.‹« Für uns ist heute diese Intimität zwischen Fremden erstaunlich. Die Dame empört sich ja weniger über die Indiskretion der Frage als über Casanovas falsche Ausdrucksweise.

»›Möchten Sie frühstücken?‹ ›Nein, Madame, das ist schon geschehen. Ich habe bereits einen Kaffee getrunken mit zwei Savoyarden darin.‹ ›Du lieber Himmel, ich gebe es auf. Was für ein tolles Frühstück! Erklären Sie sich genauer.‹ ›Ich habe einen Kaffee getrunken, wie ich es jeden Morgen tue.‹ ›Das ist doch zu dumm, mein Freund. Ein Café ist das Lokal, wo man ihn ausschenkt; was man trinkt ist eine Tasse Kaffee.‹ ›Gut! Trinken Sie denn die Tasse? In Italien sagen wir ›un caffè‹ und sind gescheit genug zu erraten, daß wir nicht das Lokal getrunken haben.‹ ›Er

Watteau, »Stehender Savoyade mit Murmeltier«

will unbedingt recht haben. Und wie haben Sie die zwei Savoyarden verschlungen?‹ ›Eingebrockt. Sie waren nicht größer als die hier auf Ihrem Nachttisch.‹ ›Und die nennen Sie Savoyarden? Das sind Biskuits.‹ ›In Italien nennen wir sie ›savoiardi‹, denn das Gebäck kommt aus Savoyen; ich kann nichts dafür, wenn Sie gedacht haben, ich hätte zwei von den Dienstmännern verspeist, die zum Nutzen des Publikums an den Straßenecken herumstehen und die Sie Savoyarden nennen, obwohl sie vielleicht aus einer anderen Gegend stammen. In Zukunft werde ich sagen, ich habe Biskuits gegessen, um mich an Ihren Sprachgebrauch zu halten; aber gestatten Sie mir die Bemerkung, daß ihnen der Ausdruck Savoyarden besser entspricht.‹«

Das Frühstück ist im 18. Jahrhundert noch nicht sehr festgelegt, obschon sich in den romanischen Ländern die Kombination von Kaffee oder Schokolade mit einem Stück Gebäck wachsender Beliebtheit erfreut. Wir finden aber auch Brot, Suppe, Wein und sogar in Öl gebackene Sardinen.

Ein anderes Mal spielt ihm der Fürst von Monaco einen üblen Streich, auf dessen Mätresse Coralina, ebenfalls eine Schauspielerin, Casanova ein Auge geworfen hatte. Seine Liebe wurde jedoch nicht erwidert, wie er überhaupt bei seinem ersten Parisaufenthalt in Liebesdingen nicht viel Glück gehabt zu haben scheint. »Bei den ersten Zusammentreffen machte ich einen Kratzfuß und empfahl mich; später aber bat man mich dazubleiben, denn die Fürsten wissen meistens nicht, was sie allein mit ihren Mätressen anfangen sollen. Wir speisten zu dritt; ihre Rolle war, mich anzusehen, mir zuzuhören und zu lachen, die meine, zu essen und zu reden.« Eines Tages fühlt Casanova sich nun verpflichtet, dem Fürsten in dessen Palais seine Aufwartung zu machen, der ihn nun seinerseits unbedingt sofort zur Herzogin von Ruffec bringen möchte. Casanova ist zunächst auch ganz angetan, denn klingende Titel und Adelsglanz haben immer eine gewisse Anziehung auf ihn ausgeübt. »Ich erblickte eine Frau von sechzig Jahren, mit einem Gesicht voll Rouge, mit blaurotem Teint, mager, häßlich und verwelkt; sie saß in anstößiger Haltung auf einem Sofa und rief bei meinem Anblick aus: ›Ah, was für ein hübsches Bürschchen! Fürst, Du bist ein Schatz. Komm, setz Dich her, mein junger Freund.‹ Völlig verdutzt gehorchte ich und fühlte mich sogleich durch einen unausstehlichen Moschusgestank abgestoßen. Mein Blick fiel auf einen abscheulichen Busen, den das Scheusal zur Gänze zeigte; Schönheitspflaster verdeckten die zahlreichen Pickel. Wo war ich hingeraten? Der Fürst empfahl sich und sagte, er werde mir seinen Wagen in einer halben Stunde wieder schicken und er erwarte mich bei Coralina.

Kaum war der Prinz fort, überfiel mich dieser Drache mit zwei geifernden Lippen, die sich mir zu einem Kusse boten, den ich vielleicht hätte hinunterschlucken müssen; aber im gleichen Augenblick faßte sie mit ihrer knochigen Hand dorthin, wonach ihre schändliche Seele in höllischer Tollheit gierte, und sagte: ›Laß mich sehen, hast Du einen schönen …?‹« Casanova kann sich der so eskalierten Situation nur durch die Behauptung entziehen, er habe einen Tr…, was sie wiederum zu dem Ausruf: »Oh, Du elendes Schwein!« veranlaßt, bevor er voller Angst, die Lakaien könnten ihn noch aufhalten wollen, die Flucht ergreift. Überall, wo er die Geschichte später empört erzählt, erntet er nur Gelächter. Da die Geschichte mit Coralina sich auch nicht zu seiner Zufriedenheit entwickelt, sondern es so aussieht, als habe sie ihn nur an der Nase herumgeführt, wendet er sich nun zusammen mit seinem Freund Patu dem berechenbareren käuflichen Vergnügen zu.

Wie schon erwähnt, war die Prostitution im absolutistischen Frankreich gesetzlich verboten, was jedoch ihre Duldung selbst durch höchste Stellen nicht verhinderte. Komfortable und unter polizeilichem Schutz stehende Bordelle wie das im folgenden beschriebene, boten gegenüber dem überall florierenden Straßenstrich sowohl den Kunden wie auch den Mädchen größere Sicherheit. Hier wurden häufig freiwillige Gesundheitskontrollen durchgeführt, was einen gewissen Schutz vor Geschlechtskrankheiten bieten sollte. In London, das, vermutlich aufgrund seiner Stellung im Welthandel, schlimmer noch als Paris von der Syphilis durchseucht war, hielten modernste Bordelle sogar eigene

Ärzte. Hier soll auch der Arzt Condon das Kondom erfunden haben. Dies war damals eine zwar hauchdünne, aber wohl trotzdem ziemlich unpraktisch zu handhabende Lederhülle, die jedenfalls Casanova immer verabscheut hat und nur in äußersten Notfällen zu gebrauchen bereit war.

»Das Hôtel du Roule war in Paris berühmt. In den zwei Monaten, die ich hier war, hatte ich es noch nie gesehen und war schon sehr neugierig darauf. Die Leiterin, die das Haus gemietet und sehr gut eingerichtet hatte, unterhielt dort zwölf oder vierzehn ausgesuchte Mädchen. Sie hatte einen guten Koch, gute Weine, ausgezeichnete Betten und hieß jeden willkommen, der zu Besuch kam. Sie nannte sich Madame Paris und war Liebkind bei der Polizei. Das Haus stand etwas außerhalb von Paris; so hatte sie die Gewißheit, daß nur vornehmere Gäste zu ihr kamen, denn es war zu weit, um zu Fuß hinzugehen. Alles war bei ihr ausgezeichnet geregelt; jedes Vergnügen hatte einen festen, keineswegs hohen Preis. Man zahlte sechs Francs für ein Frühstück mit einem Mädchen, zwölf Francs für ein Diner und einen Louis für ein Souper mit Übernachtung. Es war ein wohlgeordnetes Haus, von dem man nur mit Bewunderung sprach. Ich konnte kaum erwarten hinzukommen und hielt es für viel besser als das Gehege.«

Es sei hier eine kurze Bemerkung zu den Bezeichnungen der Mahlzeiten gestattet, die in der Tat verwirrend ist, was dann auch häufig zu Übersetzungsfehlern und damit zu falschen Zeitangaben führt. Im Ancien régime bezeichnet das ›Déjeuner‹ (Fastenbrechen) nicht wie heute das Mittagessen, sondern das Frühstück, während das heutige Abendessen, das ›Diner‹, das Mittagessen meinte. Das ›Souper‹, das heute neben einem besonders festlichen Abendessen einen zu vorgerückter Stunde eingenommenen ›Mitternachtsimbiß‹ beschreibt, war damals das ganz normale Abendessen. Über die Essenszeiten liegen verschiedene Angaben vor, wobei es offenbar mit dem Fortschreiten des Jahrhunderts eine Tendenz gab, die Mahlzeiten zu immer späteren Tageszeiten einzunehmen. Mercier beklagt in den frühen 80er Jahren, daß man nun das Diner erst um halb vier Uhr nachmittags und das Abendessen entsprechend später einnehme. Vor dreißig Jahren habe man noch um ein Uhr mittags diniert. Dies entspräche für die Zeit von Casanovas Parisaufenthalt in etwa unseren heutigen Essenszeiten.

Mit der Ordnung und Sauberkeit, die ihn am Hôtel du Roule so begeistert, hat Casanova übrigens keineswegs übertrieben. Sie wird uns von dem damaligen Staatssekretär, Monsieur d'Argenson, bestätigt, bei dem sich der Erzbischof von Paris über die Duldung dieses Bordells beschwert hatte. Er antwortete Seiner Exzellenz mit dem Argument, daß nirgendwo bessere Ordnung herrsche als in diesem Hause, »so sehr, daß Monseigneur und ich dorthin gehen könnten«. Aus unbekannten Gründen wurde das Haus wenig später jedoch geschlossen.

Casanova und Patu verbringen den ganzen Tag bei Madame Paris. Jede Mahlzeit nehmen sie mit einem anderen Mädchen ein, mit dem sie dann die Zeit bis zur nächsten Mahlzeit zubringen. Mit der dritten und letzten verbringt Casanova auch die Nacht.

»Sie nannte sich St. Hilaire; unter dem gleichen Namen wurde sie ein Jahr später durch einen Lord bekannt, der sie nach England entführte. Sie blickte mich stolz und voll Verachtung an. Ich mußte beim Spazierengehen mehr als eine Stunde darauf verwenden, sie zu besänftigen. Sie fand mich nicht würdig, mit ihr zu schlafen, weil ich so unverschämt gewesen war, sie weder beim ersten noch beim zweiten Mal zu nehmen. Als ich ihr aber bewies, daß wir gerade durch meine Unaufmerksamkeit beide gewännen, begann sie zu lachen und wurde sehr nett zu mir. Das Mädchen besaß Verstand, Bildung und alles, was es brauchte, um in dem von ihm gewählten Beruf sein Glück zu machen.« Von der St. Hilaire läßt er sich bezaubern, so daß er die undankbare Coralina vergißt und in der Folgezeit immer wieder bei Madame Paris einkehrt.

Bei dem folgenden Rezept handelt es sich um eines von Casanovas Lieblingsgerichten, die er selbst im Vorwort erwähnt. Die Ouille ist nichts anderes als die berühmte Olla potrida (auch oglia potrida geschrieben) ein ursprünglich aus Spanien stammender reichhaltiger Eintopf aus verschiedenen Fleisch- und

Gemüsesorten. Im 17. und 18. Jahrhundert war dieser Vorläufer des Pot-au-feu in ganz Europa sehr beliebt. Wie für alle beliebten Gerichte existieren auch hierfür zahlreiche Variationen.

Ouille ou Olla potrida

Reichhaltiger Eintopf aus verschiedenen Fleisch- und Gemüsesorten

1 junges Suppenhuhn (oder ein Fasan oder 2 Tauben)
1 Beinscheibe, 5 cm dick geschnitten
1 Tafelspitz oder Ochsenbrust
1 Lammschulter 700–800 g
einige Suppenknochen
3 l Rinderbrühe
1 dickes Bündel glatte Petersilie
500 g Karotten, geviertelt
400 g Zwiebeln, geviertelt
400 g weiße Rüben oder 2 Kohlrabi, in Scheiben geschnitten
1–2 Petersilienwurzeln
1 Stangensellerie, in 5 cm lange Stücke geschnitten
4 mittlere Lauchstengel, in 5 cm lange Stücke geschnitten
2 Tomaten
1 Glas Rotwein
Salz

Für die Mignonette:
1 Teelöffel schwarze Pfefferkörner
15 Wacholderbeeren
1–2 Lorbeerblätter
2–3 Ingwerstücke (frisch oder getrocknet)
5 ganze Gewürznelken
1/2 Teelöffel Korianderkörner
1/2 Teelöffel Bohnenkraut
2–3 Knoblauchzehen
Die Gewürze in ein weißes Stückchen Baumwollstoff einnähen oder in ein sauberes Tee-Ei füllen.

In einem großen Kessel die Rinderbouillon zum Kochen bringen. In einer großen Pfanne die Fleischstücke mit etwas Öl schön goldbraun anbraten und mit den Knochen in die Brühe geben. Den Bratensatz mit dem Rotwein ablöschen und ebenfalls in die Brühe geben. Köcheln lassen. Das Fleisch sollte gut mit der Brühe bedeckt sein. Das Stoffsäckchen oder Tee-Ei ebenfalls in die Brühe geben. 1 Möhre, 1 Zwiebel, die äußeren härteren Stangen des Stangenselleries, die 2 Tomaten, das Grüne der Lauchstengel und die Stengel der Petersilie in die Brühe geben und mitkochen. Nach 1 Stunde Kochzeit auch das Huhn dazugeben und weiter auf kleiner Flamme kochen lassen. Salz zufügen und weitere 1 $^1/_2$ Stunden köcheln. Dabei ab und zu abschäumen. Dann das Fleisch und das Huhn herausnehmen und aus der Brühe mit einem Schaumlöffel das Gewürzsäckchen, die Knochen und das mitgekochte Gemüse herausheben oder die Brühe durch ein Sieb schütten. Das Fleisch und das Huhn mit der klaren Brühe zurück in den Topf geben und erneut aufkochen. Nun das feine vorbereitete Gemüse und die Hälfte der gehackten Petersilie zufügen und 20–30 Minuten mitkochen. Abschmecken. Man kann das Gemüse auch in einem anderen Topf mit einem Teil der Brühe garen. Nun das Fleisch in einer großen, vorgewärmten Platte anrichten, mit dem Gemüse umlegen und Brühe zugeben. Die Brühe kann auch separat dazu gereicht werden.

Wie viele Potagen wurde die Ouille meist auf Brotscheiben angerichtet. Wer das nicht mag, kann geröstete Brotwürfel dazu reichen.

Zubereitungszeit: ca 4 Stunden
Als Hauptgericht für 8 Personen ausreichend.

6. Kapitel

Essen im Schloß Fontainebleau: Das Hühnerfrikassee der Königin.

Casanovas erste Begegnung mit dem französischen Hof findet während dieser Frankreichreise 60 km von Paris entfernt statt. »König Louis XV., der die Jagd leidenschaftlich liebte, war gewohnt, jeden Herbst sechs Wochen in Fontainebleau zu verbringen. Mitte November war er stets wieder zurück in Versailles. Diese Reise kostete ihn fünf Millionen, denn er nahm alles mit, was zum Vergnügen der ganzen ausländischen Gesandten und des Hofes beitragen konnte. Die französischen und italienischen Schauspieler und auch die Sänger und Sängerinnen der Oper bestellte er dorthin.« So gelangt auch Casanova hierher, da er von Balletti, dem Ehemann seiner mütterlichen Freundin, der damals so berühmten Silvia, für die Mariveaux Komödien schrieb, eingeladen worden war.

Über Signor Morosini, den Gesandten der Republik Venedig beim König von Frankreich, der ihn in die Oper mitnahm, lernt er dort, auch aufgrund seiner noch mangelhaften Kenntnisse der französischen Sprache und daraus entstehender Wortwitze, die Marquise de Pompadour und den Maréchal de Richelieu kennen. Am nächsten Tag geht er allein zum Hof, wofür er offenbar keiner besonderen Empfehlung mehr bedarf.

Nachdem er sich über die Häßlichkeit der französischen Hofdamen verwundert hat, die solch hohe Absätze tragen, daß sie nicht mehr gehen können, gerät er mehr oder weniger zufällig in den Speiseraum Maria Leszczyńskas, der alten und frommen

Gattin des »vielgeliebten« Louis XV. Die Tochter des polnischen Ex-Königs führte ein ziemlich trostloses Schattendasein am Hofe ihres erotomanen Gatten und erfreute sich einer allgemeinen Unbeliebtheit. Die ihr zugeschriebene Naschhaftigkeit mag eine Kompensation für mangelnde andere Lebensfreuden gewesen sein. Es wird von ihr berichtet, daß sie einmal nach dem Verzehr von fünfzehn Dutzend Austern die letzte Ölung empfangen habe, diesen Exzeß jedoch überlebte. Die heute noch beliebten Königinpastetchen, die »Bouchées à la Reine«, sind nach ihr benannt.

Was Casanova im folgenden beschreibt, ist die typische Konstellation des »Herrschermahles« das von Louis XIV. auf den Höhepunkt seiner Entwicklung geführt wurde, wie übrigens das gesamte Hofzeremoniell, das man bis zum Ende des Ancien régime beibehielt. Entscheidend hierbei war, daß der Herrscher von Gottes Gnaden vor einem ausgewählten Hofstaat alleine aß, wobei es als Auszeichnung galt, hierbei zusehen zu dürfen. Weitere Hierarchisierungen zeigten sich in gewissen Handreichungen, die diese Auserwählten für den König verrichten durften, wobei das Anreichen eines Salzfäßchens oder einer Serviette als äußerst prestigeträchtige und heiß umkämpfte Privilegien zu betrachten waren.

»Im Jahre 1750 hielt ich mich einmal, in Fontainebleau, im Kreise derer auf, die an einer Mahlzeit der Königin von Frankreich teilnahmen, oder (genauer gesagt) ihr beim Essen zusahen. Es herrschte tiefes Schweigen. Die Königin, die allein an der Tafel saß, sah nur auf die Speisen, die ihre Kammerfrauen ihr vorsetzten, bis sie auf einmal, zum Zeichen, daß sie dieses Gericht ein weiteres Mal wünschte, majestätisch den Blick erhob.«

Casanova erlebt ein solches Herrschermahl erstmals, so daß ihn der weitere Verlauf außerordentlich befremdet. »... indem sie die Augen mit einer langsamen Drehung des Kopfes begleitete – anders als gewisse schlecht erzogene Damen bei uns, die, weil sie nur die Augen rollen, wie von bösen Geistern besessen wirken – durchlief sie in einem Augenblick den gesamten Kreis, dann hielt

Desmaretz, »Festessen des Herzogs von Alba zu Paris anläßlich der Geburt des Prinzen von Asturien«, 1707

sie bei einem Herrn, dem größten von allen, inne, vielleicht, weil sie nur ihn einer so großen Ehre für wert hielt, und sagte sehr deutlich: ›Ich glaube Herr von Lowendal, daß nichts besser ist als ein Hühnerfrikassee.‹ Er (der drei Schritte vorgetreten war, sobald er seinen Namen hörte) antwortete bescheiden und ernsthaft, indem er sie unverwandt, aber mit gesenktem Kopf ansah: ›Das, Madame, ist auch meine Meinung.‹ Nachdem er das gesagt hatte, trat er an seinen ursprünglichen Standort zurück, indem er die Verbeugung beibehielt und auf den Fußspitzen rückwärts ging.«

Casanova, der in dem Angesprochenen sofort den berühmten Bezwinger der niederländischen Festung Bergen-op-Zoom im Österreichischen Erbfolgekrieg erkannte, war erschüttert und »konnte nicht begreifen, wie er, ein Marschall von Frankreich, sich das Lachen verbeißen konnte bei diesem Köchinnensatz, den die Königin an ihn zu richten geruht hatte, und auf den er in demselben gemessenen Tonfall, mit dem gleichen Ernst, mit dem er im Kriegsrat sich für den Tod eines schuldigen Offiziers ausgesprochen hätte, geantwortet hatte.« Im Gegensatz zu Lowendal, der sich vielleicht wirklich geehrt fühlte, ist Casanova kaum in der Lage, einen schallenden Lachanfall zu unterdrücken: »Je mehr ich darüber nachdachte, desto mehr spürte ich, wie mir die Kräfte schwanden, die ich aufwenden mußte, um ein lautes Herausplatzen, an dem ich fast erstickt wäre, zurückzuhalten.«

Auch die kulinarischen Folgen, die diese königliche Äußerung in der besseren Gesellschaft von Fontainebleau hatte, enthält er uns nicht vor: »Von jenem Tage an – während des ganzen Monats, den ich noch in Fontainebleau blieb – fand ich immer, in jedem Haus, in das ich zum Mittagessen ging, das von Köchen und Köchinnen um die Wette zubereitete Hühnerfrikassee vor; und alle behaupteten, daß die Königin recht hatte, aber auch, daß es in der französischen Küche kein anderes Gericht gebe, das schwieriger zuzubereiten sei. Ich habe nie verstanden, wieso dieses Gericht so schwierig sei, da man es doch überall, und überall gleich gut, finden konnte. Aber ich hütete mich wohl, das auszusprechen; nachdem die Königin es gelobt hatte, hätte man mich ausgepfiffen.«

Fricassée de poulet ›Reine de France‹
Hühnerfrikassee ›Königin von Frankreich‹

600 g Hühnerbrust
Butter zum Braten
1 Zwiebel
1 Bund Petersilie
1 1/2 Tassen heiße Gemüsebrühe
25 g Pinienkerne
100 g frische Erbsen
2 Eigelb
Saft einer halben Zitrone

Die Brust kleinschneiden und mit der gehackten Zwiebel in der Butter leicht anbräunen lassen. Die Erbsen separat in Salzwasser weichkochen. Die Pinienkerne in einer Pfanne ohne Fett vorsichtig anrösten, bis sie Fett abgeben, dann mit einem scharfen Messer fein hacken. Das Fleisch mit der Gemüsebrühe ablöschen und sanft köcheln. Schließlich Erbsen und Pinienkerne sowie die gehackte Petersilie zugeben. Nach Geschmack salzen und pfeffern. Die Eidotter mit dem Zitronensaft verschlagen. Wenn alles gar ist, den Ofen abschalten und die Dotter-Saft-Mischung unterziehen. Sie darf nicht mehr kochen, da das Eigelb sonst gerinnt.

Zubereitungszeit: Etwa eine halbe Stunde
Als Vorspeise für 4 Personen, als Hauptgericht für 2 Personen.

Wieder einmal erhalten wir eine sehr interessante ergänzende Information von Mercier, der uns über die Auswirkungen informiert, die der Aufenthalt des Hofes in Fontainebleau auf die Geflügelpreise in Paris hatte. »Nur wenn der König in Fontainebleau weilt, kann man in Paris preisgünstiges Geflügel kaufen.

Die Hoflieferanten kaufen dann nicht mehr in Paris; die Großverbraucher sind beim Hof, und das Volk hat es leichter, sich ein Hühnchen zu kaufen.« Für die Bewohner der Stadt Versailles hingegen ist es wiederum vorteilhaft, wenn der Hof dort weilt, da sich ein Viertel der Bevölkerung von dem ernährt, was von den großen Schauessen im Schloß übrigbleibt. Um Macht und Reichtum des Hofes zur Schau zu stellen, werden nämlich jeden Tag bedeutend mehr Gerichte aufgetischt, als überhaupt probiert, geschweige denn gegessen werden können. Diese sind natürlich von bester Qualität und werden völlig unberührt zu Schleuderpreisen abgegeben.

7. Kapitel

Zurück in Venedig. Liebschaft mit der Nonne M. M., der Geliebten des französischen Gesandten. Liebesmahl in der Villa. Der versteckte Gesandte.

Casanova hat Paris inzwischen verlassen und ist zu einem Familienbesuch nach Dresden gereist. Seine Mutter, die er als Kind zuletzt gesehen hatte, lebt zusammen mit einer inzwischen verheirateten Schwester immer noch hier. Die Dresdenerinnen sind ihm jedoch zu wenig entgegenkommend, und so geht es über Wien, wo Maria-Theresias Keuschheitskommissare ihr Schreckensregiment ausüben, zurück nach Venedig.

Neben einigen kleinen kabbalistischen Kunststückchen scheint Casanova zu dieser Zeit immer noch hauptsächlich von der Apanage Bragadins zu leben, also vermutlich etwa auf dem Niveau eines Studenten aus gutem Hause. Bei seiner Adoption durch den Gönner war von zehn Zechinen monatlich bei freier Kost und Logis die Rede gewesen. Ob dieser Betrag inzwischen erhöht worden ist, erfahren wir nicht. In Anbetracht der Summen, die wir Casanova permanent ausgeben sehen, ist dieser Betrag jedenfalls verschwindend gering. Für Casanovas Lebensbedürfnisse reicht er keinesfalls aus, auch wenn er offensichtlich tapfer bemüht ist, in den Spielhöllen Venedigs ein Zubrot zu verdienen. Er hatte schon während seines Parisaufenthaltes verschiedentlich seine chronische Geldknappheit erwähnt, die ein Leben auf großem Fuß, wie er es sich gewünscht hätte, verhindert hatte. Er ist deshalb anfällig für Erwerbsquellen aller Art, und lernt so auch P. C. kennen, einen windigen Geschäftemacher der unseriösen Sorte, der angeblich den venezianischen Staat mit Rindern versorgt. Wie solche Menschen immer und zu allen Zeiten, benötigt dieser nur gerade eine mittlere Summe, um endlich das ganz große Geschäft zu machen, an dem er seinen Gläubiger zu günstigsten Konditionen beteiligen wird. Da Casanova die Sache nicht geheuer ist, führt P. C. nun seine Schwester C. C. gewissermaßen als Lockvogel ein, in deren tugendhafte Unschuld sich Casanova natürlich sofort sterblich verliebt. Er beabsichtigt sogar wieder einmal, das Mädchen zu heiraten. Als deren Vater das erfährt, steckt er die Tochter in ein Kloster, wo diese dann auch heimlich eine Fehlgeburt erleidet. Die Geschäftsbeziehung endet ebenfalls wenig erfreulich mit einer Schlägerei im Wirtshaus.

Dies ist aber alles nur Vorgeschichte zu einer der bekanntesten Episoden der Lebenserinnerungen. Als Casanova im Kloster in Murano die Messe besucht, um sich der Geliebten zu zeigen, wird er von einer anderen Nonne gesehen, die ihn brieflich um ein Treffen bittet, das nach einigen Schwierigkeiten dann auch irgendwann bevorsteht. »Die Freude und die Ungeduld ließen mich an diesen beiden Tagen weder essen noch schlafen. Mir schien, als sei ich in der Liebe noch nie glücklich gewesen und als sollte ich es nun zum erstenmal werden. Außer der Herkunft, der Schönheit und dem Geist M. M. s, ihren wirklichen Vorzügen [man beachte die Reihenfolge], spielte auch meine Voreingenommenheit mit hinein und machte mir die Größe meines Glückes unfaßbar. Sie war doch eine Vestalin. Ich sollte eine verbotene Frucht genießen. Ich sollte die Rechte eines allmächtigen Gatten verletzen und mich in seinem göttlichen Serail der schönsten aller seiner Sultaninnen bemächtigen.« Daß die Phantasie bei der Verführung einen wichtigen Part übernimmt, hat Casanova immer betont, und so folgt hier auch eine philosophische Abschweifung über die Lust, die als Produkt von Phantasie und Verstand den Menschen vom Tier unterscheide. An anderer Stelle formuliert er kürzer: »Beim verliebten Zusammensein ist die Illusion eine Grundvoraussetzung.«

Die bisher eleganteste Verführungszeremonie der Lebensgeschichte Casanovas findet im Landhaus des Liebhabers der Nonne statt, wo Casanova sie in prächtiger weltlicher Kleidung vorfindet. Bis zum Essen gibt man sich Spielchen hin, die wohl zum erotischen Benimmkodex der Zeit gehören und bei denen die Frau die Sittsame spielt, auch wenn, wie hier, die Initiative eindeutig von ihr ausgeht. Nach einem eleganten Abendessen, bei dessen Beschreibung Casanova vor allem auf die Lebensart der Frau verweist, die sie von ihrem Liebhaber gelernt haben müsse, beendet man den Abend unter leidenschaftlichen Küssen, ohne daß die Nonne Casanova die letzte Gunst gewährt hätte.

So beginnen Allmacht und Reichtum des unbekannten Gönners schon bei der ersten Begegnung unmerklich die Szene zu beherrschen. M. M. kündigt nun ihren Besuch bei Casanova in Venedig an, wo sie ihn dann vollkommen glücklich machen will. Dieser ist nun erst einmal in der Verlegenheit, ein passendes Ambiente zu finden und zu mieten, denn er kann die Nonne ja schlecht in den Palazzo Bragadins einladen. Andererseits hatte er schon vollmundig angekündigt, daß er gut gestellt sei und den Aufwand nicht scheue, und steht nun eindeutig unter Zugzwang: »Ich mußte rasch handeln, denn mir gehörte kein Haus. Ich nahm deshalb einen zweiten Ruderer, um in einer knappen Viertelstunde ins Viertel San Marco zu gelangen. Fünf oder sechs Stunden verbrachte ich damit, eine große Anzahl von Häusern zu besichtigen, und wählte schließlich das vornehmste und folglich auch teuerste. Es hatte Lord Holderness, dem englischen Botschafter, gehört, der es bei seiner Abreise einem Koch für billiges Geld verkauft hatte. Dieser vermietete es mir bis Ostern für hundert Zechinen, zahlbar im voraus, unter der Bedingung, daß ich mir die Diners und Soupers, die ich geben würde, von ihm zubereiten ließ.« Obwohl Casanova mit achtundzwanzig Jahren nun schon über beträchtliche erotische Erfahrungen verfügt, ist er doch den Ansprüchen der besseren Gesellschaft gegenüber immer noch etwas unsicher. M. M. hatte nicht nur von Anfang an ihre eigene vornehme Herkunft betont, sondern auch keinen Hehl daraus gemacht, daß ihr Gönner eine außerordentlich einflußreiche Persönlichkeit sei. »Ich sollte der allerschönsten Sultanin des Weltenherrschers ein Souper geben; deshalb wollte ich

Lequeu, »Und auch wir werden Mütter sein, denn …!«

mich am Vorabend vergewissern, daß alles in Ordnung war. Da ich ihr gesagt hatte, ich besäße ein Haus, durfte ich ihr gegenüber in nichts als Neuling erscheinen.« Kurz gesagt, Casanova sieht sich unter beträchtlichem Leistungsdruck.

Um zu sehen, ob alles passend sei, bestellt er bei dem Koch »für den Abend ein Souper für zwei Personen und sagte ihm ausdrücklich, daß ich keine anderen Weine wolle als Burgunder und Champagner und nicht mehr als acht Küchengerichte, deren Wahl ich ihm ohne Rücksicht auf die Kosten überließe. Auch der Nachtisch sollte seine Angelegenheit sein.« Daß Casanova hier die Wahl der Gerichte dem Koch überläßt, obschon er doch alles andere minutiös plant, läßt ahnen, daß sich für gewisse Gelegenheiten bestimmte Gerichte von selbst verstehen. Vielleicht ist er auch noch etwas unsicher und traut dem Koch eine größere Virtuosität in der Auswahl der Gerichte zu als sich selbst. »Wie verblüfft war der Koch, als er mich um acht Uhr abends ganz allein kommen sah. Ich beanstandete sofort, daß nicht überall Kerzen brannten, obwohl doch über die angegebene Zeit kein Zweifel bestehen konnte. ›Ich werde es das nächstemal nicht versäumen.‹ ›Machen Sie also Licht und tragen Sie auf.‹ ›Sie haben mir gesagt für zwei.‹ ›Servieren Sie für zwei. Bleiben Sie dieses erste Mal bei meinem Souper zugegen, damit ich Ihnen alles gleich sagen kann, was ich gut oder schlecht finde.‹ Das Abendessen kam in der gehörigen Reihenfolge durch die drehbare Anrichte, jeder Gang jeweils auf zwei Tellern. Zu allem machte ich meine Bemerkungen, fand aber alles ausgezeichnet zubereitet, auf sächsischem Porzellan gereicht, Wildbret, Stör, Trüffeln, Austern, dazu vortreffliche Weine. Ich tadelte nur, daß er vergessen habe, auf einem Teller harte Eier und Sardellen zu bringen, dazu gemischten Essig, um den Salat anzurichten.« Weitere Wünsche Casanovas betreffen noch den Punsch, für den er bittere Orangen und Rum statt Arrak wünscht, und den Nachtisch, für den er zum nächsten Tag alle Sorten frisches Obst, die der Koch auftreiben kann, bestellt und vor allem Eis.

Wir haben es hier mit der Inszenierung eines klassischen Liebesmahles zu tun, dessen Choreographie wir in der Lebensgeschichte noch öfter begegnen werden, und bei dem vor allem Austern und Trüffeln, denen im Denken der Zeit auch häufig aphrodisierende Eigenschaften zugeschrieben wurden, einen wichtigen Platz einnehmen. Das Quartett Wildbret, Stör, Trüffeln, Austern hat aber ganz offensichtlich auch eine soziale Bedeutung. So symbolisiert das Wildbret den schweren und blutigen Geschmack des Feudalismus, was auch damit zusammenhängt, daß die Jagdrechte häufig beim Landesherrn lagen, so daß die Untertanen sich mit dem Niederwild zufriedengeben mußten. Der Stör ist ein großer und teurer Fisch, der meist einen langen Transportweg hinter sich hat. Austern sind ebenfalls ein teures und sehr empfindliches Lebensmittel. Da sie roh gegessen werden, müssen sie absolut frisch sein. Trüffeln waren damals wie heute fast unbezahlbar, und wie der berühmte Gastrosoph Brillat-Savarin berichtet, fand man sie um 1780 in Paris nur in den allervornehmsten Häusern. Auch Eis ist natürlich vor der Erfindung der Kühlmaschine ein großer Luxus gewesen. Das Essen, das Casanova hier inszeniert, ist nicht nur ein Liebesmahl, sondern soll auf die Zugehörigkeit zu einer Gesellschaftsschicht verweisen, zu der Casanova sich weder der Herkunft noch dem Einkommen nach rechnen kann. Das gleiche gilt für die Weine, Burgunder und Champagner galten als die französischen Weine schlechthin und wurden auch am französischen Hof getrunken.

M. M. kommt am nächsten Abend, als Mann verkleidet, nach Venedig. Ihre Kleidung ist von beispielloser Pracht und wird detailliert beschrieben. Das Abendessen ist nun von minderer Wichtigkeit und wird kaum noch erwähnt. Es wird hier in seiner eigentlichen Funktion als Vorspiel zum Liebesakt beschrieben. »Nach dem Abendessen, das sie, einschließlich Eis und Austern, wohlschmeckend und köstlich fand, machte sie einen Punsch. Als ich einige Gläser getrunken hatte, bat ich in meiner verliebten Ungeduld, sie möge doch bedenken, daß wir nur sieben Stunden vor uns hätten und sehr unrecht täten, wenn wir sie nicht im Bett verbringen würden. ... Es dauerte nur zwei Minuten. Ich flog vor Liebe glühend in ihre heißen Arme und gab ihr hierfür sieben Stunden lang die feurigsten Beweise, die wir nur durch ebensoviele Viertelstunden unterbrachen, um uns mit den zärtlichsten Worten anzuspornen. Sie lehrte mich nichts Neues, was den Akt selbst betraf; aber eine ungeahnte Vielfalt an Seufzern, Verzückungen, Ausbrüchen und Sinnesempfindungen, die man nur in solchen Augenblicken erlebt. Jede Entdeckung beschwingte mein Herz zur Liebe, die mir neue Kräfte schenkte, um ihr meine Dankbarkeit zu zeigen. Staunend erfuhr sie, für welche Wonnen sie empfänglich war, als ich ihr so manches zeigte, was sie für unmöglich gehalten hatte. Ich tat mit ihr, was zu fordern sie nicht gewagt hätte, und ich belehrte sie, daß die geringste Scheu die größten Wonnen schmälert.« Nach diesem Marathon benötigt Casanova zehn Stunden Schlaf, um seine Kräfte wiederzuerlangen.

Offenbar hat er nun aber auch die Nagelprobe bestanden, denn der Liebhaber der Nonne möchte dem nächsten Treffen der Verliebten von einem versteckten Gemach aus beiwohnen, wie die Geliebte brieflich mitteilt. Ohne daß M. M. es weiß, hat Casanova diesen mittlerweile identifiziert. Es handelt sich um François Joachim Pierre de Bernis, den Gesandten Frankreichs bei der Republik Venedig. Aus verarmtem Adel stammend, hatte dieser durch die Gunst der Marquise de Pompadour in Frankreich eine erfolgreiche Karriere gemacht und verfügte über beträchtlichen Einfluß. Casanova ist nicht nur nicht empört, sondern scheint die Gelegenheit geradezu freudig zu ergreifen. Unverzüglich schreibt er der Geliebten zurück: »Alles, was Du mir von Deinem ehrenwerten Freund erzähltest, ließ mich seinen Charakter erkennen; ich glaube, er ist nun auch mein Freund, und ich schätze ihn. Wenn Dich kein Schamgefühl hindert, Dich vor ihm sehen zu lassen, während Du mit mir zärtlich und verliebt bist, wie sollte ich, statt mich zu schämen, dabei nicht stolz sein? Kann der Mann über seinen eigenen Ruhm erröten? Ich, meine liebe Freundin, kann weder darüber erröten, Dich erobert zu haben, noch darüber, in Augenblicken gesehen zu werden, wo ich mir schmeicheln kann, mich dessen nicht unwürdig zu erweisen. Ich weiß jedoch, daß es den meisten Männern aus einem natürlichen Gefühl heraus, das der Verstand nicht tadeln kann, widerstrebt, sich in solchen Augenblicken sehen zu lassen.«

Casanova schickt sich also an, vor einem Mitglied des französischen Adels und Günstling des Hofes, seine Potenz zur Schau zu stellen, und man kann diese Szene nur verstehen, wenn man sich vor Augen führt, wie eng und unverhohlen Sexualität und Macht im 18. Jahrhundert zusammengebracht wurden. Gilt heute für führende Politiker die eheliche Treue als sittliches Ideal und deren Bruch als gefürchtetes Wahlkampfhindernis, war dies im 18. Jahrhundert umgekehrt; das heißt es gehörte zur Demonstration der Macht auch die Demonstration sexueller Potenz, die sich in der Zahl der Mätressen und der unehelichen Kinder niederschlug. Ein weiterer wichtiger Punkt ist aber sicher auch ein Verständnis von Intimität, das sich von unseren heutigen Vorstellungen gravierend unterscheidet. Die Trennung von privatem und öffentlichem Leben ist eine Erfindung des bürgerlichen 19. Jahrhunderts. Im Grunde bestand ein großer Teil des Hoflebens im öffentlichen Zelebrieren von Handlungen, die wir heute als intim ansehen. Der König aß nicht nur vor Publikum, sondern wurde auch inmitten seines Hofstaates geboren und starb dort so öffentlich wie er gelebt hatte. Die uns heute noch bekannteste Zeremonie, das »Lever«, das morgendliche Aufstehen, wurde nicht nur vom König, sondern von sämtlichen vornehmen Damen als Akt der Selbstdarstellung zelebriert. Man fand auch in vornehmster Gesellschaft nichts dabei, sich gegenseitig im Bett liegend zu besuchen. Daß dann aber auch der Sexualität eine geringere Intimität eigen ist, versteht sich beinahe von selbst. Wir haben das übrigens auch schon an der Leichtigkeit gesehen, mit der Casanova häufig zwei Mädchen gleichzeitig verführt hat, was ebenfalls für eine geringe Scheu auf beiden Seiten spricht, sich anderen während des Sexualaktes zu zeigen.

Kehren wir aber zurück nach Venedig, oder besser gesagt auf die zugehörige Insel Murano, denn hier beginnt nun im Casino des Gesandten de Bernis ein äußerst durchkomponierter Sexualmarathon. Seinen Spannungsbogen erhält die Schilderung durch einen Eiersalat aus dem Eiweiß von sechs frischen Eiern, den Casanova zu Beginn der Komödie als Aphrodisiakum erwähnt, welches er wegen angeblicher Versagensängste gegenüber der Nonne eingenommen habe. Aufgrund dieses Wundermittels wird er nun, das legt die Dramaturgie von Anfang an fest, sechsmal hintereinander zum Höhepunkt gelangen. Für Casanovas literarische Begabung spricht es, daß er ganz deutlich macht, wie sehr er um den hohen Herrn im Versteck bemüht ist, ja sich immer wieder in dessen Perspektive versetzt: »Unterdessen hüllte ich mein Haar in ein Tuch aus indischer Baumwolle, das mir viermal um den Kopf reichte und mir das furchterregende Aussehen eines asiatischen Despoten in seinem Serail gab. Gebieterisch brachte ich meine Sultanin in den Naturzustand und verfuhr mit mir desgleichen; dann legte ich sie hin, bezwang sie nach allen Regeln der Kunst und genoß ihre Verzückungen. Mit dem Kissen, das ich ihr unter das Kreuz geschoben hatte, und dem angewinkelten Knie, das sie von der Sofalehne wegstreckte, mußte sie ihrem verborgenen Freund einen besonders wollüstigen Anblick bieten.« Zu ihrem Ende gelangt die Episode erst mit der scherzhaften Erwähnug des sechsten Eidotters.

Interessant ist hier nicht nur die physische Höchstleistung einer sechsmaligen Ejakulation, die medizinisch gesehen in Ausnahmefällen immerhin möglich sein soll, sondern das Verschwinden der Frau. Es ist ganz deutlich, daß Casanovas Leistungsbereitschaft hier nicht mehr der Partnerin gilt, sondern dem versteckten Botschafter, der gleichzeitig Gönner und Rivale ist. Bei keinem anderen der vielen Liebesabenteuer hat Casanova je zu einem Aphrodisiakum gegriffen, und an keiner anderen Stelle war er so verbissen darauf bedacht, seine Ejakulationen zu zählen.

Die Bezahlung fällt übrigens auch recht üppig aus. Zwar stellt Casanova explizit keinen Zusammenhang her, doch überreicht ihm M. M. bei einem der nächsten Treffen eine kostbare Tabaksdose des Botschafters zusammen mit ihren gesamten Diamanten und vierhundert Zechinen. Es kann sich hierbei nur um eine Anerkennung von seiten des Botschafters handeln, denn die Nonne hat kein eigenes Geld zu ihrer Verfügung. Und noch etwas: Anhand dieser Episode wird häufig auf die große Freizügigkeit verwiesen, die die Nonnen in venezianischen Klöstern genossen hätten. Aus der Lebensgeschichte geht jedoch hervor, daß es sich hierbei höchstens um die Freiheit der reichen und potenten Gönner gehandelt haben kann, denn als de Bernis abberufen wird, kann M. M. das Kloster nicht mehr verlassen, und Casanova tröstet sich mit Tonina, der Tochter seiner Zimmerwirtin.

Six blancs d'oeuf en salade

Eiersalat ›Abbé de Bernis‹

Das wichtigste an dem folgenden Salat ist der mit aphrodisierenden Kräutern angesetzte Essig, den man zwei Wochen vorher zubereiten muß.

Für den Gewürzkräuteressig:
70 g Salbeiblätter
70 g Rauke
70 g Minze
3 Schalotten
1 Eßlöffel schwarze Pfefferkörner
1 l Weißweinessig

Zutaten vorbereiten. Kräuter sortieren, waschen, trocknen. Schalotten schälen und in Viertel schneiden. Alles in ein sauberes verschließbares Gefäß legen. 1 l Weißweinessig etwas erwärmen (nicht kochen) und über die Kräuter gießen. 2 Wochen stehen lassen, dann durch ein Mulltuch oder einen Kaffeefilter gießen. In eine saubere Flasche abfüllen, in die man noch jeweils einen frischen Zweig der Kräuter geben kann.

Für den Salat:
6 frische Eier
1 Teelöffel Gewürzkräuteressig
2 Teelöffel Olivenöl extra vergine
Salz

Die Eier hart kochen und mit kaltem Wasser abschrecken. Nun die Dotter entfernen. Das Eiweiß in zarte Streifen schneiden und mit einer Marinade aus Essig, Öl und Salz anrichten.

Zubereitungszeit: Zweimal 30 Minuten.
Für eine Person als Aphrodisiakum. Der Salat schmeckt nicht besonders gut und ist nur in dringenden Fällen zu empfehlen.

8. Kapitel

Unter den Bleidächern in Venedig. Essen im Gefängnis

Casanovas Aufenthalt unter den Bleidächern, dem damals als ausbruchsicher geltenden Staatsgefängnis der Republik Venedig, gehört sicher zu seinen prägendsten Erlebnissen. »... und zum erstenmal in meinem Leben, im Alter von dreißig Jahren, nahm ich meine Zuflucht zur Philosophie, für die ich alle Veranlagung in mir trug, ohne bisher Gelegenheit gehabt zu haben, sie wertzuschätzen oder von ihr Gebrauch zu machen. Ich glaube, daß der größte Teil der Menschheit stirbt, ohne je nachgedacht zu haben.« Dies ist nicht weiter erstaunlich, denn vorher war er vollkommen mit seinen Zerstreuungen, vor allem mit diversen Liebschaften und der Lektüre verbotener Bücher, beschäftigt gewesen, die ihm wohl auch den Zorn der Staatsinquisitoren eingebracht hatten.

Die heute noch zu besichtigenden Bleikammern sind ein steingewordenes Zeugnis staatlicher Macht, und wenn man die winzigen Zellen besichtigt, schaudert es einen im Gedanken an die armen Gefangenen, die hier oft Jahrzehnte ihres Lebens zubringen mußten. Casanova blieb länger als ein Jahr dort – vom 26. Juli 1755 bis zum 1. November 1756 –, bevor ihm sein spektakulärer Ausbruch gelang, der damals in ganz Europa Aufsehen erregte.

Die unter dem Bleidach gelegenen Zellen heizten sich im Sommer so sehr auf, daß die Gefangenen fast erstickten. »Es war die Zeit der drückendsten Hundstage. Durch die Kraft der Sonnenstrahlen, die auf das bleigedeckte Dach meines Gefängnisses niederbrannten, war ich wie in einem Schwitzbad; der Schweiß, der durch meine Haut drang, rieselte auf den Fußboden rechts und links von meinem Lehnstuhl, in dem ich ganz nackt saß.« Eine weitere von Casanova beschriebene Unbequemlichkeit war, daß er wegen seiner damals ungewöhnlichen Größe von 1,87 m im ersten Verlies, in dem er untergebracht war, nicht aufrecht stehen konnte. In Anbetracht all dieser Schikanen ist es für uns heute um so erstaunlicher, daß die Häftlinge recht anständig verpflegt wurden. Das aufwendige Mahl, das Casanova bald nach seiner Festsetzung bestellt und offensichtlich auch erhält, »Reissuppe, gekochtes Rindfleisch, Braten, Brot, Wasser und Wein«, und das dem klassischen italienischen Mittagessen im 18. Jahrhundert entspricht, würden wir heute an keinem normalen Wochentag mehr zu uns nehmen.

Die Verpflegung war hier nicht wie in heutigen Gefängnissen zentral organisiert, sondern man bestellte sich beim Kerkermeister sein Essen nach Wunsch, das dann von der Frau Kerkermeisterin persönlich zubereitet wurde. Wer mittellos war, bekam hierfür von der Staatsinquisition eine gewisse Summe zur Verfügung gestellt, über die er frei verfügen durfte. »Am nächsten Tag erklärte er mir, das Tribunal bewillige mir fünfzig Soldi je Tag, die er zu verwalten habe und die er jeden Monat mit mir abrechnen würde. Fünfundsiebzig Lire im Monat waren mehr als ich brauchte.« Über die genauen Verpflegungssätze erhalten wir aus dem Mund des Kerkermeisters Lorenzo selbst Auskunft: »Fünfzig Soldi je Tag, das ist schon etwas ... Man gibt einem Bürger drei Lire, einem Edelmann vier und einem fremden Grafen acht.« Casanova ist also noch nicht einmal privilegiert, sondern liegt, da sich eine Lira aus zwanzig Soldi zusammensetzt, mit zweieinhalb Lire sogar noch unter dem Bürger. Dennoch hat er immer so reichlich zu essen und zu trinken, daß er häufig seine wechselnden Zellengenossen einlädt, die sich bisweilen sogar betrinken. Da offenbar immer noch Geld übrigbleibt, überläßt er dies Lorenzo, den er dadurch für sich einnimmt.

Der guten Verpflegungslage steht allerdings eine uns heute vom juristischen Standpunkt aus nur schwer nachvollziehbare Willkür gegenüber. Casanova hat nie den Grund für seine Einkerkerung erfahren und ist während seines gesamten Aufenthaltes offensichtlich weder angeklagt noch verhört worden. Auch in der venezianischen Gesellschaft kennt man den Grund für seine Einkerkerung nicht, wie ein zeitweiliger Zellennachbar, Abate Graf Fenaroli, berichtet: »Er erzählte mir, niemand wisse, was ich verbrochen hätte, und deshalb rätsele jeder daran herum.« Die Akten verraten uns allerdings heute, daß Casanova so ziemlich sämtlicher möglicher Sittenverstöße bezichtigt wurde, die von der Lektüre verbotener Bücher über die Schmähung der Religion bis zum Falschspiel und der sittlichen Gefährdung junger Mädchen reichten.

Die politische Wirklichkeit des vorrevolutionären Europa hatte wenig Bezug zu unseren aufgeklärten Ideen von Gerechtigkeit und Gleichbehandlung und basierte im Grunde auf einem abgestuften System von erblichen oder verliehenen Privilegien oder dem Entzug derselben. So durfte auch der bekannteste Häftling der Bastille, der auf Wunsch seiner Familie wegen abartigen Sexualverhaltens inhaftierte Marquis de Sade, im königlichen Vorzeigegefängnis in einem eigens für ihn neu tapezierten Zimmer erlesene Menüs zu sich nehmen. Ferner verbrachte er unbeobachtete Stunden mit seiner Frau und erhielt eigens für ihn georderten Burgunder, der im Keller gekühlt wurde.

Offensichtlich war man im Gefängnis – ob in der Bastille oder den Bleikammern – jedoch der Willkür des jeweiligen Kerkermeisters weitgehend ausgeliefert. Nach der Entdeckung seines ersten Ausbruchversuchs – Casanova hatte mit einem angespitzten Eisenstück, das er bei einem Spaziergang auf dem Speicher gefunden hatte, unter seinem Bett ein Loch gebohrt, durch das er über kurz oder lang zu entfliehen plante – erhält er von Lorenzo: »Wein, der zu Essig geworden war, stinkendes Wasser, verfaulten Salat, verdorbenes Fleisch und sehr hartes Brot; er ließ nicht ausfegen, und als ich ihn bat, die Fenster zu öffnen, würdigte er mich keiner Antwort.« Lorenzos Wut auf seinen Gefangenen wird verständlich, wenn man bedenkt, daß er für einen Ausbruch mit dem eigenen Kopf hätte büßen müssen.

Schon bei diesem ersten Fluchtversuch hatte die gute Verpflegung eine wichtige Rolle gespielt. Um nachts arbeiten zu können, hatte sich Casanova eine Lampe gebaut. »Als Gefäß konnte ein kleiner Tontopf dienen, und ich hatte einen, in dem man mir Eier in Butter briet. Ich ließ mir Öl aus Lucca besorgen, unter dem Vorwand, daß der mit gewöhnlichem Öl zubereitete Salat mir nicht bekomme. Ich zog aus meiner Steppdecke genügend Baumwolle, um mir Dochte zu machen.« Wie schon angedeutet, scheiterte allerdings dieser erste Fluchtversuch, da Casanova in eine bessere Zelle verlegt werden soll und das Loch entdeckt wird.

Seine erste furchtbare Angst ist nun die, man könne ihn zur Strafe in die Pozzi (Brunnen) verlegen, die sich im unteren Teil des Dogenpalastes selbst befinden, und in denen immer kniehoch das Wasser steht. Die Schwere eines Verbrechens drückt sich hier offenbar sowohl in den Haftbedingungen wie auch in der Verpflegung aus. »Wenn der Gefangene nicht den ganzen Tag bis zum Knie in Salzwasser baden will, ist er gezwungen, auf einem Gestell zu hocken, auf dem sein Strohsack liegt und auf das man ihm bei Tagesanbruch sein Wasser, seine Suppe und seinen Schiffszwieback stellt; er muß das sofort essen, denn wenn er zögert, erscheinen die riesigen Meeresratten und reißen es ihm aus den Händen.«

Auch wenn diese Befürchtung sich nicht bewahrheitet, steht er natürlich ab jetzt unter strengster Überwachung, so daß er selbst nichts mehr unternehmen kann. Er ist auf die Hilfe seines Zellennachbarn, Marin Balbi, angewiesen, eines adeligen Venezianers und Mönchs, mit dem er per Büchertausch heimlich korrespondiert. Man kommt bald überein, daß nur Balbi einen erneuten Fluchtversuch vorbereiten könne. Nun benötigt er dazu allerdings jene zugespitzte Eisenstange, den »Spuntone«, die Casanova schon beim ersten Fluchtversuch gedient hatte. Casa-

Casanovas Flucht aus den Bleikammern.
Nach einem Kupferstich von J. Berka.

nova war es gelungen, das wertvolle Werkzeug in einem Sessel versteckt zu retten.

Hier beginnt nun eine der Schlüsselszenen der spannungsreichen Fluchtgeschichte. Damit Lorenzo selbst den Spuntone zu Balbi bringt, bedient sich Casanova einer List. »Ich sagte ihm also, ich wolle den Tag des heiligen Michael mit zwei großen Schüsseln Makkaroni in Butter und Parmesan feiern. Ich würde zwei Schüsseln brauchen, denn ich wolle die eine davon dem würdigen Mann zum Geschenk machen, der mir die Bücher leihe. Bei dieser Gelegenheit sagte mir Lorenzo, daß der besagte würdige Mann das dicke Buch zu lesen wünsche, das drei Zechinen gekostet habe. Ich antwortete ihm, ich würde es ihm mit einer Platte Makkaroni schicken; ich wolle dazu aber die größte Platte, die er im Hause habe, und ich wolle auch selbst zurichten. Er versprach mir, alles getreulich auszuführen. Inzwischen wickelte ich den Riegel in Papier und steckte ihn in den Rücken des Einbandes der Bibel. Ich teilte die zwei Zoll auf; jedes Ende des Riegels stand einen Zoll aus der Bibel vor. Wenn ich auf die Bibel eine große Platte Makkaroni in Butter stellte, war ich überzeugt, daß Lorenzo sein Augenmerk ganz auf die Butter konzentrieren würde, aus Angst, er könne sie über die Bibel gießen, so daß er keine Zeit hatte, nach den Ecken des Bandes zu blicken.«

Der Begriff Maccheroni bezeichnete im 18. Jahrhundert nicht die industriell hergestellten röhrenförmigen Nudeln, die wir heute darunter verstehen, sondern ist eine Art Oberbegriff für Nudeln im allgemeinen. Es gab allerdings einen Unterschied zwischen getrockneten Nudeln als billiges und haltbares Grundnahrungsmittel für die Armen und den frisch hergestellten mit reichlich Parmesan und Butter genossenen Nudeln als Delikatesse. Da Casanova hier einen Festtag begeht und zudem ein Geschenk macht, gehe ich beim folgenden Rezept von der zweiten Variante aus.

Maccheroni alla carceriera
Makkaroni nach Art der Kerkermeisterin

2 Eier
Etwa 200 g Mehl Type 405
Salz

Zum Bestreuen:
125 g Butter
100 g frisch geriebener Parmesankäse

Mehl aufhäufen und die Eier hineinschlagen. Zu einem festen Teig verkneten. Da die Größe der Eier entscheidend ist, sollte man nach Gefühl entweder etwas Wasser oder noch etwas Mehl zugeben. Leicht salzen. Wenn der Teig die richtige Konsistenz hat (er sollte nicht mehr an den Händen kleben), läßt man ihn bei Zimmertemperatur mindestens eine halbe Stunde ruhen. Danach sollte er noch einmal 8 Minuten geknetet werden.

Dann so dünn wie möglich auf einer mit Mehl bestreuten Fläche ausrollen und in kleine Quadrate schneiden. Auf Pergament oder Papier mindestens 3 Stunden trocknen.

Danach etwa so verfahren, wie Casanova es berichtet: »Am Tag des heiligen Michael erschien Lorenzo in aller Frühe mit einem großen Kessel, in dem die Makkaroni kochten; ich stellte sogleich Butter auf ein Kohlenbecken, um sie zu schmelzen, und bereitete meine zwei Platten vor, die ich mit Parmesan bestreute, den er mir fertig gerieben gebracht hatte. Ich nahm die Schaumkelle und begann anzurichten, wobei ich nach jedem Löffel Butter dazugab und Käse darüber streute; Ich hörte nicht eher auf, als bis die große Platte, die für den Mönch bestimmt war, nichts mehr faßte.«

Zubereitungszeit: 5–6 Stunden
Als Hauptgericht für 2 Personen

Die Flucht gelingt schließlich nach diversen Schwierigkeiten und Hindernissen. Von einer nach Mestre rudernden Gondel aus wirft Casanova, seelisch tief erschüttert, einen letzten Blick auf die geliebte Vaterstadt, die er lange Jahre nicht wiedersehen sollte: »Ich blickte nun hinter mich den ganzen schönen Kanal entlang; als ich kein einziges Boot entdeckte, den prachtvollsten Tag sah, den man sich nur wünschen konnte, die ersten Strahlen eines herrlichen Sonnenaufganges, die beiden jungen Gondolieri, die kraftvoll dahinruderten, und dabei an die grauenvolle Nacht dachte, die ich hinter mir hatte, an den Ort, an dem ich noch tags zuvor gewesen war, und an das Zusammentreffen so vieler glücklicher Umstände, da durchströmte ein Gefühl meine Seele, das sie zu GOTT erhob, in mir die Seiten der Dankbarkeit zum Klingen brachte und mich mit solcher Macht rührte, daß die Tränen sich plötzlich freie Bahn brachen, um das Herz zu erleichtern, das am Übermaß der Freude zu ersticken drohte. Ich schluchzte, ich weinte wie ein Kind, das man gewaltsam zur Schule schleppt.«

9. Kapitel

Wieder in Paris. Wiedersehen mit de Bernis. Casanova im Dienst des französischen Staates. Madame d'Urfé und der Graf von Saint-Germain.

Die Flucht aus den als ausbruchsicher geltenden Bleikammern, die ihm eine gewisse europaweite Berühmtheit verschaffte, hat Casanova selbst immer als wichtigen Wendepunkt in seinem Leben gesehen. Er scheint unter den Bleidächern nicht nur zum erstenmal in sich gegangen zu sein, sondern sein Ausbruch verändert auch radikal seinen sozialen Status. Hatte er bisher unter den Fittichen seiner Gönner ein recht unbesorgtes Leben führen können, so wird er nun plötzlich heimatlos. Casanova selbst setzt genau hier den Punkt fest, an dem er zwangsläufig zum Abenteurer wurde, »denn das ist ein jeder, der, ohne reich zu sein, durch die Welt ziehen muß, weil er in seinem Vaterland in Ungnade gefallen ist«. Über München, Augsburg und Straßburg reist er wieder nach Paris, um hier sein Glück zu versuchen. »Nun war ich also wiederum in dem großen Paris und mußte, da ich nicht mehr auf meine Heimatstadt zählen konnte, hier mein Glück machen. Ich hatte zwei Jahre in Paris verbracht, aber da ich damals kein anderes Ziel hatte, als das Leben zu genießen, hatte ich die Stadt nicht studiert. Dieses zweite Mal war ich darauf angewiesen, jenen Leuten den Hof zu machen, bei denen die blinde Göttin zu Hause war. Ich erkannte, daß ich, um es zu irgend etwas zu bringen, meine gesamten körperlichen und geistigen Fähigkeiten einsetzen, die Großen und Mächtigen kennen lernen, klaren Verstand behalten und mich allen jenen anpassen mußte, deren Wohlwollen mir von Nutzen sein konnte.

Diese Maxime verlangte auch, daß ich alles vermied, was man in Paris schlechte Gesellschaft nennt, auf alle meine früheren Gewohnheiten verzichtete und mich vor allem jeder Überheblichkeit enthielt; sie hätte mir Feinde machen können, die mich leicht in den Ruf gebracht hätten, ich sei für eine ernsthafte Beschäftigung wenig geeignet. Diesen Überlegungen entsprechend legte ich mir, sowohl für mein Betragen als auch für meine Redeweise, ein System der Zurückhaltung zurecht, daß mich für Angelegenheiten von Belang geeigneter erscheinen ließ, als ich mir selbst einbilden konnte, es zu sein.«

Von Bragadin erhält er hundert Taler im Monat, so daß seine Grundbedürfnisse gedeckt sind. Als erstes wendet er sich an de Bernis, der kurz vor seiner Ernennung zum Außenminister und in der Gunst der Marquise de Pompadour steht. Der Freund ist durch einen Brief M. M. s schon über die sensationelle Flucht, wenn auch falsch, unterrichtet und hat mit dem Kommen Casanovas gerechnet. Er empfängt ihn mit großer Herzlichkeit und steckt ihm weltmännisch eine Rolle mit hundert Louisdors zu. Casanova kleidet sich hiervon erst einmal für seine Zwecke passend ein. Es bestätigt sich hier aber ein Verdacht, der uns schon in der Episode mit der Nonne gekommen war, daß nämlich im 18. Jahrhundert Sexualität und Karrierechancen sich gegenseitig in anderer Weise durchdrungen haben müssen als heute. Dies würde aber auch erklären, warum in der fraglichen Episode plötzlich nicht mehr die Frau, sondern der Botschafter im Mittelpunkt von Casanovas Interesse gestanden hatte. So fremd uns das heute scheinen mag: Casanovas sexuelle Leistung hat ihm einen plötzlichen Aufstieg in schwindelerregende Höhen ermöglicht. Anders als beim ersten Parisbesuch wird er nach seiner Flucht, und zwar allein durch den Einfluß de Bernis, in den höchsten Regierungskreisen empfangen. Der schlaue Kleriker führt ihn als Finanzexperten ein, ganz einfach, weil diese Qualifikation bei der Finanznot, in der der französische Staat sich schon 1757 befand, die sicherste Eintrittskarte in Regierungskreise bildete. Casanova wird dann auch sofort und natürlich vollkommen unvorbereitet vorgelassen, zieht sich aber sehr geschickt aus der Affäre und erhält seinen ersten Auftrag. Zusammen mit zwei anderen Italienern, den Brüdern Calzabigi, soll er die französische Staatslotterie einrichten, was dann auch erfolgreich geschieht und ihm beträchtliche Einkünfte sichert. Das Lotto stammt ursprünglich aus Genua und hängt mit dem Wahlmodus zusammen, mit dem die Republik ihre Senatoren wählte. Einige wurden nämlich durch Los bestimmt, woraus dieses Glücksspiel entstand. Zur Einrichtung der großen Lotterien in Europa wurden deshalb gerne Italiener als Fachleute herangezogen. Als nächstes erhält er den Auftrag für eine Geheimmission in Dünkirchen. Er soll hier die französische Flotte inspizieren, deren Schiffe dort, zusammen mit schwedischen Schiffen, zum Überfall auf England bereitliegen. Über die Unsinnigkeit dieser Mission äußert Casanova: »Dieser Auftrag kostete das Marineministerium zwölftausend Francs. Der Minister hätte alles, was ich ihm in meinem Bericht mitteilte, leicht erfahren können, ohne einen Sou auszugeben. Jeder junge Offizier hätte ihm dazu dienen können und hätte sich mit ein wenig Verstand bei diesem Auftrag Verdienste erworben. Aber so verhielten sich unter der monarchischen Regierung alle französischen Ministerien. Sie verschwendeten das Geld, das sie nichts kostete, an ihre Kreaturen und an jene, die Liebkind waren. Sie herrschten despotisch, das Volk wurde mit Füßen getreten, der Staat war verschuldet, die Finanzen so zerrüttet, daß der unausbleibliche Bankrott ihn zum Sturz gebracht hätte; eine Revolution mußte kommen.« Diese außerordentlich hellsichtige Analyse der absolutistischen Personalpolitik beantwortet allerdings nur einen Teil der Frage, warum man ausgerechnet eine so zweifelhafte Gestalt wie den flüchtigen Casanova engagierte. Die ausufernde Geheimdiplomatie des Absolutismus bediente sich mit Vorliebe abenteuerlicher Figuren, denn deren eventuelle Unzuverlässigkeit wurde durch einen enormen Vorteil kompensiert. Wenn die Sache aufflog, konnte man sie einfach verleugnen, ohne daß ihnen jemand glaubte, und sie in den Kerkern der gegnerischen Macht verschmachten lassen, ohne daß ein Hahn danach krähte.

Obwohl Casanovas Laufbahn sich also recht vielversprechend anläßt, und er zumindest vorerst nicht mehr auf zwielichtige Einnahmequellen angewiesen ist, scheint er sich weiterhin mit kabbalistischen Kunststückchen hervorgetan zu haben. Ein Freund führt ihn nach einer Wunderheilung bei seiner Tante ein, der 20 Jahre älteren Jeanne La Rochefoucauld de Lascaris Marquise d'Urfé, die aus ältestem Adel stammt und steinreich ist. Die Schwäche der Dame ist ihr Hang zum Okkultismus, über den sie die kostbarsten Manuskripte besitzt. Auch unterhält sie ein alchimistisches Laboratorium, das nach modernsten Erkenntnissen ausgestattet ist; u. a. behauptet sie, ein Pulver zur Umwandlung von Metallen zu besitzen. Casanovas Kenntnis der Geheimschriften, die es ihm erlaubt, ein verschlüsseltes Manuskript zu entziffern, gewinnt ihm endgültig das Vertrauen der Marquise und bestätigt sie in dem Glauben, daß er in direktem Kontakt mit den Elementargeistern stehe. Die Bitte, die sie nun an ihn heranträgt, ist tatsächlich abstrus: Da sie selbst als Frau nicht mit den Genien verkehren könne, solle Casanova, dem diese Operation bekannt sein müsse, ihre Seele in den Körper eines männlichen Kindes übergehen lassen, das der philosophischen Verbindung eines Unsterblichen mit einer Sterblichen oder eines Sterblichen mit einem Weib von göttlicher Natur entsprungen sei. Casanova rechtfertigt sich im Nachhinein: »Wenn ich auf die verrückten Ideen dieser Dame einging, glaubte ich nicht, sie irrezuführen, denn das war bereits geschehen; es wäre mir auch keinesfalls gelungen, sie von ihrem Wahn zu befreien. Selbst wenn ich ihr in ehrlicher Offenheit gesagt hätte, daß alle ihre Ideen Hirngespinste seien, hätte sie mir nicht geglaubt, und so zog ich es vor, mich treiben zu lassen. Mir konnte es nur angenehm sein, von einer Dame, die mit den größten Persönlichkeiten Frankreichs in Verbindung stand und die durch ihre Wertpapiere noch reicher war als durch die 80 000 Francs Rente, die sie aus Grundbesitz und Häusern in Paris bezog, auch weiterhin für den bedeutendsten aller Rosenkreuzer und den mächtigsten aller Menschen gehalten zu werden. Ich erkannte klar, daß sie mir gegebenenfalls nichts verweigern konnte, und obwohl ich keinerlei Plan entwarf, um mich ihrer Reichtümer ganz oder teilweise zu bemächtigen, fühlte ich mich andererseits nicht stark genug, auf diese Macht zu verzichten.« Man kann Casanova sicher einiges vorwerfen, doch ist seine Aufrichtigkeit gegen sich selbst immer wieder beeindruckend. Tatsächlich ist die nun anhebende Episode mit Madame d'Urfé eine der wenigen, die Casanova tatsächlich moralisch belastet zu haben scheinen, ist er doch sonst eher frei von Gefühlen wie Scham und Reue. »An diesem Tag gewann ich vollkommen Gewalt über ihre Seele, und ich habe meine Macht mißbraucht. Jedesmal wenn ich mich daran erinnere, fühle ich Schmerz und Beschämung, und ich leiste nun Buße dafür, indem ich mir bei der Abfassung dieser Memoiren auferlegt habe, die Wahrheit zu sagen.« Die eigentliche Einleitung der Verwandlung findet erst Jahre später statt, doch kann Casanova von diesem Zeitpunkt an mit ihrer beträchtlichen finanziellen Unterstützung rechnen. Er erlebt von hier an bis zu seinem Londonaufenthalt, von dem später in diesem Buch noch die Rede sein wird, seine sowohl finanziell wie auch vom Sozialprestige her glücklichste Zeit. Wir besitzen ein Zeugnis der schriftstellernden Adeligen Justinienne Wynne, später Gräfin Orosini-Rosenberg. In einem Brief, den sie im Januar 1759 an ihren Geliebten schreibt, schwingt die Herablassung der höheren Tochter gegenüber dem Aufsteiger mit, doch wird andererseits deutlich, wie ehrlich Casanova sich selbst beschrieben hat: »Am selben Abend saß in einer Loge neben mir Casanova, den Du ja kennst, er war prächtig herausgeputzt. Er begrüßte uns und besucht uns jetzt täglich. Obwohl mir seine Gesellschaft nicht sonderlich angenehm ist, scheint er das gar nicht zu bemerken. Er hat einen Wagen, Lakaien und prunkvolle Kleider. Sein Gewand ist mit Spitzen besetzt, er hat zwei herrliche Diamantringe und zwei goldene Tabatieren, die sehr geschmackvoll sind. Er hat, ich weiß nicht wodurch, Zugang zu den vornehmsten Pariser Kreisen gefunden. Er erzählt, daß er an einer Pariser Lotterie beteiligt ist, und prahlt mit seinem hohen Einkommen. Ich habe aber gehört, daß er von einer sehr reichen alten Dame (Madame d'Urfé) unterstützt wird. Er nimmt sich sehr wichtig und ist lächerlich stolz auf sich. Kurz gesagt: Er ist unerträglich, wenn er nicht gerade über seine Flucht aus den Bleikammern spricht, worüber er wunderbar erzählen kann.«

Bei Madame d'Urfé lernt Casanova auch den Grafen von Saint-Germain kennen, der sicher eine der schillerndsten Persönlichkeiten des 18. Jahrhunderts war. Seine wahre Identität konnte bis heute nicht entschlüsselt werden, doch ist er in den Reihen der Abenteurer, Schwindler und Hasardeure wohl der kühnste Betrüger. Das 18. Jahrhundert gilt uns ja heute vor allem als Jahrhundert des Lichts, der rationalen Erkenntnis, der Aufklärung und der Menschenrechte. Es gab jedoch nicht nur Voltaire, Diderot, Montesquieu und die anderen Denker, die für uns heute wahrscheinlich mehr als für ihre Zeitgenossen das 18. Jahrhundert repräsentieren. Jenseits der Aufklärung gab es nicht nur den tief verwurzelten Aberglauben im Volk, sondern gerade auch in besseren Kreisen eine intensive Beschäftigung mit der Magie und dem Irrationalen. Zum Teil zerfließen aber auch einfach nur die Grenzen zwischen Wissenschaft und Okkultismus. So ist z. B. die heutige Chemie eine legitime Tochter der Alchimie, der wir auch wertvolle Entdeckungen, wie Phosphor, Porzellan und Schwarzpulver, verdanken. Allerdings hatte die Trennung zwischen beiden schon im 17. Jahrhundert stattgefunden, was dann im 18. Jahrhundert zu einer neuen Blüte der Alchimie in Geheimbünden wie den Rosenkreuzern führte. Selbstverständlich war auch Casanova Mitglied bei den Rosenkreuzern, ohne daß er uns allerdings berichtet hätte, wann und unter welchen Umständen er ihnen beitrat.

Der Menschentypus des Abenteurers, wie Casanova oder Saint-Germain es waren, scheint ein gesellschaftliches Zerfallsprodukt gegen Ende des Ancien régime zu sein. Die alte Ordnung, in der ein König von Gottes Gnaden zusammen mit einem untätigen Adel auf Kosten des dritten Standes fast nur noch repräsentiert, ist für alle, die nicht unmittelbar davon profitieren, kaum noch akzeptabel. Andererseits fehlen neue gesellschaftliche Orientierungsmodelle. Man sieht dies etwa daran, daß Bürgerliche, die es in dieser Zeit zu großen Vermögen bringen, nicht etwa den Stolz auf die eigene Leistung zur Schau tragen. Sie haben nichts Eiligeres zu tun, als sich einen Titel und ein Schloß zu kaufen und das Leben des Adels zu imitieren. Auch der Abenteurer pflegt die Imitation eines solchen Lebensstils, bisweilen bis zur Karikatur, jedoch unter Auslassung des mühsamen Erwerbs von Vermögen. Sein Geschäft ist eher die Unterhaltungsbranche, was von der anderen Seite gern großzügig honoriert wird. Der funktionslos gewordene Adel langweilt sich, inklusive eines Königs, der die Lust am Regieren längst verloren hat, in Frankreich zu Tode. Im Grunde ist man froh über jeden, der etwas anderes zu erzählen hat als den geläufigen Hofklatsch. Erst recht natürlich, wenn es sich um eine so spannende Geschichte handelt wie die Flucht aus den Bleikammern oder aber die Tischgespräche des Konzils von Trient (1545–1563), bei dem der Graf von Saint-Germain anwesend gewesen sein wollte, denn er behauptete, dreihundert Jahre alt zu sein.

Saint-Germain hat seine Zeitgenossen enorm fasziniert. Für die Professionalität, mit der er seinen eigenen Mythos etablierte, spricht auch die weitgehende Übereinstimmung der über ihn kursierenden Anekdoten. Er wurde von der Marquise de Pompadour protegiert, auf deren Veranlassung hin Ludwig XV. in seinem Schloß Chambord ein Labor einrichten ließ, in dem der Graf künstliche Diamanten herstellen sollte. Casanova scheint noch bei der Niederschrift der Memoiren um ein klares Urteil über Saint-Germain zu ringen. »Anstatt zu essen, redete dieser Mann von Anfang bis Ende der Mahlzeit, und ich hörte ihm mit größter Aufmerksamkeit zu, denn niemand sprach besser als er. Er gab sich in jeder Hinsicht als Wunderknabe, er wollte verblüffen und verblüffte auch tatsächlich. Er hatte eine entschiedene Art zu sprechen, die jedoch nicht mißfiel, denn er war gelehrt, sprach fließend alle Sprachen, war sehr musikalisch, ein großer Kenner der Chemie, besaß angenehme Züge und verstand es,

Stich von N. Thomas, »Comte de St. Germain«

sich bei allen Frauen beliebt zu machen. ... Dieser überaus merkwürdige und zum frechsten aller Betrüger geborene Mann behauptete ungestraft und nachlässig, er sei dreihundert Jahre alt, besitze die Universalmedizin und treibe mit der Natur, was er wolle; er schmelze Diamanten und mache aus zehn oder zwölf kleinen ohne Gewichtsverlust einen großen von vollkommener Reinheit. Für ihn waren das nur Kleinigkeiten. Trotz seiner Prahlereien, seiner Widersprüche und seiner offenkundigen Lügen brachte ich es nicht fertig, ihn unverschämt zu finden, aber ich fand ihn auch nicht achtenswert; gegen meinen Willen fand ich ihn erstaunlich, denn er hat mich erstaunt.« An anderer Stelle sagt Casanova, daß er in seinem ganzen Leben nie einen gewandteren und verführerischeren Betrüger kennengelernt habe. Man wird den Eindruck nicht los, daß Casanova hier ein überlebensgroßes Alter ego beschreibt.

Da wir uns gerade in alchimistischen Kreisen bewegen, sei hier ein Rezept zur Goldherstellung angegeben, was ja manchmal auch ganz nützlich sein kann. Casanova selbst hat es uns in einem Brief überliefert.

Wie man Gold macht

»Man muß vier Unzen guten Silbers nehmen und es in Scheidewasser auflösen, es dann kunstgerecht mit einer Kupferplatte ausfällen und mit lauwarmem Wasser auswaschen, um jeden Säurerest zu entfernen; schließlich muß man es gut trocknen, es mit einer halben Unze Salmiak mischen und es so in einen Tiegel geben, der sich verschließen läßt. Nach diesen Vorbereitungen muß man ein Pfund Federweiß, ein Pfund ungarischen Spießglanz, vier Unzen Grünspan, vier Unzen natürlichen Zinnober und zwei Unzen Schwefelblüte nehmen. Alle diese Ingredienzien muß man pulverisieren, gut vermischen und in einen so großen Destillierkolben tun, daß sie ihn nur bis zur Hälfte füllen. Dieser Destillierkolben muß auf einen Ofen mit vier Blasebälgen gesetzt werden, denn man muß die Glut bis zum vierten Grad steigern. Man muß mit einem mäßigen Feuer beginnen, denn es soll nur die Phlegmen oder hydropischen Teile austreiben; wenn die Dämpfe zu erscheinen beginnen, muß man sie in den Tiegel leiten, in dem sich das Silber mit dem Salmiak befindet. Alle Verbindungsstellen werden mit dem geeigneten Kitt abgedichtet, und sobald die Dämpfe übertreten, muß man die Glut bis zum dritten Grad steigern. Wenn man sieht, daß die Sublimation beginnt, muß man beherzt das vierte Gebläse öffnen, ohne sich zu scheuen; man muß jedoch darauf achten, daß sich die Dämpfe keinesfalls in dem Gefäß oder Tiegel niederschlagen, der das Silber enthält. Dann muß man alles erkalten lassen. Sobald das geschehen ist, muß man den Tiegel mit dem Silber nehmen, seine Öffnung mit einer dreifach gefalteten Blase verschließen und ihn mit der Öffnung nach oben in einen geschlossenen Ofen geben; für einen Zeitraum von vierundzwanzig Stunden muß man ein mäßiges Feuer einwirken lassen, dann die Blase entfernen und das Gefäß in den Mittelpunkt rücken, damit es ausdampfen kann. Dazu muß das Feuer verstärkt werden, damit die Feuchigkeit, die in der Masse sein kann, bis zur völligen Austrocknung entweicht. Wenn man das dreimal getan hat, wird man in dem Gefäß Gold finden. Dieses muß man nun herausnehmen und unter Beifügung von reinem Metall schmelzen. Wenn man es mit zwei Unzen Gold schmilzt und es dann in destilliertes Wasser gießt, wird man vier Unzen Gold erhalten, das jede Probe besteht, im Gewicht einwandfrei und prägbar, jedoch fahlgelb ist.«

10. Kapitel

Casanova als Geschäftsmann und Unternehmer. Reise nach Deutschland und in die Schweiz. Er wird beinahe Mönch. Verwechslungskomödie in Solothurn. Besuch und Mittagessen beim großen Voltaire.

Casanova steht zur Zeit seines zweiten Parisaufenthaltes zweifellos im Zenit seines gesellschaftlichen Erfolges. Eine Reise nach Holland, wo er für den französischen Staat Anleihen verkauft und gleichzeitig auch für Madame d'Urfé Wertpapiere einlöst, läßt ihn auch noch zum erfolgreichen Geschäftsmann werden. Neben der Stadtwohnung mietet er ein Landhaus: »Der Aufwand, den ich im ›Petite Pologne‹ trieb, machte mein Landhaus berühmt. Man sprach von den Tafelfreuden, die man dort genoß. In einem dunklen Zimmer ließ ich mit Reis Hühnchen mästen; sie waren weiß wie Schnee und von köstlichem Geschmack. Zu den Vorzügen der französischen Küche fügte ich noch hinzu, was alle übrigen Küchen Europas dem Feinschmecker an Gaumenkitzel bieten konnten. Meine Makkaroni ›al sugo‹, mein Reis, bald als Pilaf, bald als Risotto, und meine ›Olla potrida‹ machten von sich reden ...

Begeistert von dieser Lebensweise, aber vor die Notwendigkeit gestellt, ein Einkommen von hunderttausend Francs zu besitzen, um sie bestreiten zu können, sann ich oft auf Mittel, ihr eine dauerhafte Basis zu geben.« Als Resultat dieser Überlegungen ist Casanovas einziger Versuch zu sehen, sich in einem bürgerlichen Beruf ein dauerhaftes Einkommen zu sichern. Er eröffnet eine Manufaktur für chinesische Seidenmalerei. Das Unternehmen scheitert jedoch bald an seinem mangelnden Profitstreben, denn er betrachtet seine Gründung eher als Serail denn als Wirt-

Lebeau, »La sollicitation amoureuse«, 1773

schaftsunternehmen. Während er hauptsächlich damit beschäftigt ist, mit seinen Arbeiterinnen zu schlafen, denen er zu diesem Zweck jeweils eine Wohnung einrichtet, brennt ein ungetreuer Angestellter mit der Kasse durch. Die Sache endet wieder einmal unerquicklich. Eine Prozeßflut ergießt sich über ihn, und er wird wegen unterstellter Wechselfälschung im Fort l'Evêque gefangengesetzt, jedoch bald wieder freigelassen. Allerdings vermag ein solcher Zwischenfall zu diesem Zeitpunkt das Vertrauen der französischen Regierung noch nicht zu untergraben. Er wird mit einer zweiten holländischen Mission beauftragt, die diesmal jedoch nicht erfolgreich verläuft. Ohne ersichtlichen Grund wendet er sich nach Deutschland. In Köln verführt er eine Bürgermeistersgattin. In Stuttgart wird er durch Betrüger beim Spiel in Händel verwickelt und wieder eingesperrt, kann aber mit Hilfe befreundeter Schauspieler fliehen. Als er in der Schweiz ankommt, macht er einen etwas erschöpften Eindruck, auch wenn er findet, »daß ich jedes meiner Mißgeschicke selbst verschuldet und jede Gunst des Schicksals mißbraucht hatte«. Beim Besuch des Klosters Einsiedeln, wo er mit dem schlemmerischen Fürstabt speist, kommt er auf die Idee, Mönch zu werden. Der Abt scheint nicht nur Feinschmecker, sondern auch Menschenkenner zu sein, denn er rät ihm, sich die Sache vierzehn Tage lang zu überlegen. Im Gasthof in Zürich entdeckt er eine Dame im Amazonenkostüm, die ihn seine frommen Vorsätze sofort vergessen läßt und der er nach Solothurn folgt, um ihr den Hof zu machen. In Monsieur de Chavigny, dem französischen Botschafter, an den Madame d'Urfé ihn empfohlen hatte, findet er wieder einen väterlichen Freund, der mit großem Interesse seine Liebeshändel verfolgt. Der Umgang mit dem würdigen älteren Herrn verleiht Casanova aber auch das Sozialprestige, das er für die Eroberung von Madame de..., so heißt die Dame im Reitkostüm, nötig zu haben glaubt. Wieder einmal mietet er ein Haus mit Koch und Haushälterin. Doch aller Aufwand ist umsonst. Zwar umgarnt Casanova die Schöne, so daß es zu einer Verabredung hinter dem Rücken des Gatten kommt, doch versteht es eine eifersüchtige

Freundin der Geliebten, sich im Dunkeln an deren Stelle zu setzen. Da sie Casanova ein, wie man damals sagte, »galantes Geschenk« hinterläßt, ist dieser für den Rest seines Solothurner Aufenthaltes aus dem sexuellen Verkehr gezogen. Von der Angebeteten darüber zur Rede gestellt, wie er den Mundgeruch und die schlaffen Brüste der zudem wesentlich älteren und kleineren Rivalin so einfach ignorieren konnte, bringt Casanova wieder einmal die Macht der Phantasie ins Spiel: »Da ich überzeugt war, in ihren Armen zu liegen, wie konnte ich da irgend etwas an ihnen abstoßend finden? Selbst die Rauheit der Haut, und auch das allzu geräumige Kabinett waren nicht Grund genug, mich zweifeln zu lassen oder mein Feuer zu dämpfen.«

Inzwischen hat er aber mit seiner schönen und klugen Haushälterin angebandelt, einer lebenslustigen Frau. Später wird er sie zu den zehn oder zwölf Frauen rechnen, die er am meisten geliebt hat. Dennoch trennt man sich, als sich ihr die Gelegenheit einer Verheiratung mit Lebel, dem Haushofmeister des Botschafters bietet. Bei aller Leichtfertigkeit Casanovas ist es erstaunlich, wie sehr er immer darauf bedacht war, den von ihm geliebten Frauen eine dauerhaftes Glück, natürlich mit einem anderen Mann, zu sichern. »Ich wachte schon meiner Natur nach stets eifersüchtig über alle meine Geliebten; aber wenn ich voraussehen konnte, daß ein möglicher Rivale sie glücklich machen konnte, verflüchtigte sich die Eifersucht.«

Es drängt sich an dieser Stelle die Frage auf, wovon Casanova zu diesem Zeitpunkt seine enormen Ausgaben bestreitet, denn seine Versuche, im Geschäftsleben Fuß zu fassen, sind ja allesamt gescheitert. Wir wissen, daß Casanova von Madame d'Urfé und Bragadin unterstützt wird und häufig spielt, ohne sich zu den Berufsspielern zu zählen. Aus einem Satz, den er an seine Haushälterin richtet, haben zahlreiche Interpreten geschlossen, daß Casanova Geheimagent, sei es des französischen Staates oder der Freimaurer, gewesen sei: »aber hüten Sie sich in Zukunft, meine Papiere auch nur zu berühren, geschweige denn zu lesen. Ich habe Geheimnisse, die nicht mir allein gehören«. Ein weiteres Indiz für diese These wäre auch Casanovas sehr umfassende und damals ungewöhnliche Kenntnis aller gängigen Geheimschriften und Verschlüsselungscodes. Wie uns ein Empfehlungsbrief offenbart, mit dem Bernard de Muralt, ein schweizer Justizbeamter, Casanova an den Gelehrten Albrecht von Haller empfiehlt, standen seine Zeitgenossen vor ähnlichen Fragen: »Dieser Ausländer ist wert, daß Sie ihn empfangen, er wird für Sie sicher ein Kuriosum sein. Für uns hier ist er ein Rätsel geblieben, wir konnten beim besten Willen nicht herausfinden, wer er wirklich ist.

Er weiß nicht so viel wie Sie, aber er weiß vieles. Über alles spricht er sehr lebhaft und scheint ungewöhnlich viel gelesen und gesehen zu haben. Man sagt, daß er sämtliche orientalischen Sprachen beherrscht. ... Er hat mir Proben seines kabbalistischen Könnens gegeben, die, falls er nicht schwindelt, wirklich erstaunlich sind und ihn als eine Art von Zauberer erscheinen lassen ... mit einem Wort, er ist eine einmalige Persönlichkeit. Seine Kleidung und Ausstattung könnte gar nicht besser sein. Nach dem Besuch bei Ihnen möchte er noch Voltaire besuchen, den er auf die vielen Fehler in seinen Büchern hinweisen möchte. Ich weiß nicht, ob ein so schillernder Mann Voltaires Geschmack sein wird ...«

Mit der letzten Vermutung hat der schweizer Justizbeamte wohl recht gehabt.

Casanova gibt uns für eben diese Zeit aber auch eine Innenansicht seiner selbst. Auf dem Weg zu Voltaire steigt er im Gasthof »A la balance« in Genf ab, wo ihn vor dreizehn Jahren Henriette verlassen hatte. Er findet die von der Geliebten in die Fensterscheibe geritzten Worte wieder: »Tu oublieras aussi Henriette – Du wirst auch Henriette vergessen«, deren Anblick ihn in einen Anfall von Melancholie und die folgende Selbstbetrachtung stürzt: »Ich verstand zwar noch zu lieben, aber ich fand in mir weder das Feingefühl jener Zeit, noch den Überschwang, der den Sinnentaumel rechtfertigt, noch die Zartheit des Umgangs, noch eine gewisse Rechtschaffenheit, und endlich, was mich tief erschreckte, nicht mehr die gleiche jugendliche Kraft.«

Der im folgenden beschriebene Besuch bei Voltaire ist für den gebildeten Reisenden im 18. Jahrhundert ein Muß. Voltaire ist nicht ein Schriftsteller, sondern der Schriftsteller des 18. Jahrhunderts schlechthin. Als Casanova den Dichterfürsten der Aufklärung im Jahre 1760 besucht, steht der Sechsundsechzigjährige auf dem Gipfel seines Ruhmes, besitzt vier Schlösser und steht mit diversen Monarchen in vertrautem Briefkontakt. Sein enormes Vermögen hat der aus dem Besitzbürgertum stammende Autor, der mittlerweile über einen Adelstitel verfügt, nicht etwa durch seine Werke erworben, sondern durch Geldgeschäfte, die sich bisweilen am Rande der Legalität bewegten. Nur von einer soliden finanziellen Basis aus, so glaubte er (sicher nicht zu Unrecht), könne er die Ungerechtigkeit und den Aberglauben wirksam bekämpfen.

Casanova hat Voltaire viermal getroffen. Bei seinem Antrittsbesuch lädt Voltaire ihn drei Tage hintereinander zum Mittagessen ein. Doch werden die beiden nicht recht warm miteinander.

»Dies ist der glücklichste Augenblick, meines Lebens. Endlich sehe ich meinen Lehrmeister; schon seit zwanzig Jahren, Monsieur, bin ich ihr Schüler«, ruft Casanova aus und erntet für diesen sorgfältig zurechtgelegten Begrüßungssatz nur beißenden Spott. In dem nun einsetzenden Kampf um die Anerkennung des Meisters plustert sich Casanova derart auf, daß Voltaire ihn schließlich fragt: »Sind Sie hergekommen, um mit mir zu sprechen, oder damit ich mit Ihnen spreche?« Casanova überhört den Verweis und antwortet: »Hauptsächlich, damit Sie mit mir sprechen.« Er rezitiert unter Tränen Ariost und kritisiert die Urteile Voltaires. Auf dessen Frage, welcher Art von Literatur er selbst sich denn verschrieben habe, antwortet er: »Noch keiner, aber das wird vielleicht noch kommen. Einstweilen lese ich, soviel ich kann, und habe meine Freude daran, auf meinen Reisen den Menschen zu studieren.«

Casanova ist es gewohnt, sich die Zuneigung der besseren Gesellschaft dadurch zu erringen, daß er sie unterhält und ihre Langeweile vertreibt. Die »Regieanweisungen« für den Besuch bei Voltaire lauten aber ganz offenkundig anders. Wie die Schilderungen anderer Reisender deutlich zeigen, handelt es sich bei aller vorgeblichen Ungezwungenheit um ein Ritual, das sich bis in einzelne Witze hinein wiederholt und das kaum weniger rigide ist als das Hofzeremoniell von Versailles. Aufgabe der Gäste, wie des um Voltaire versammelten kleinen Hofstaates, ist es vor allem, dem Meister die Bälle zuzuspielen, damit sein Genie um so erstaunlicher brilliere. »Man kam, um uns zurückzuholen, und wir verbrachten zwei Stunden mit geselligen Gesprächen, in denen der große Dichter alle seine Zuhörer glänzend unterhielt und stets Beifall erntete, obwohl sein lachend vorgebrachter Spott oft beißend war; er hatte die Lacher immer auf seiner Seite. Er lebte in ganz großem Stil, und man speiste nirgends so gut wie bei ihm. Damals war er sechsundsechzig Jahre alt und hatte ein Einkommen von hundertzwanzigtausend Francs.« Wie häufiger in seinem Leben mag sich Casanova auch hier nicht den gesellschaftlichen Gepflogenheiten und dem fremden Szenario unterwerfen; er revoltiert. Er bleibt ernst, wenn alle lachen, und widerspricht dem lebenden Monument ganz ungeniert. Es ist ganz offensichtlich, daß er sich als Mitglied der »République des lettres« fühlt und glaubt, von gleich zu gleich mit dem Großmeister der Aufklärung verkehren zu können. Dieser wiederum, von den Großen dieser Welt genug gedemütigt, zieht es vor, nun selbst den Magnaten zu spielen.

Zu einer Auseinandersetzung in der Sache kommt es beim vierten Treffen. Sämtliche aufklärerische Ideen leben von einem letztlich positiven Menschenbild. Der Mensch sei, wenn schon nicht unbedingt von Natur aus gut, so doch rational einsehbaren Argumentationen zugänglich und damit verbesserungsfähig wie auch -willig. Durch entsprechende Aufklärungsarbeit und die Einrichtung vernünftiger Institutionen ließe sich also das Leben des Menschen durch den Menschen sinnvoll gestalten und das allgemeine Glück steigern.

Teilt man die Vorstellung von der rationalen Zugänglichkeit der Menschen nicht, verliert Aufklärung jeden Sinn. Dies ist bei

Casanova der Fall, der den Menschen für ein Bündel aus Trieben und Leidenschaften hält, dem nichts ferner liegt als ein vernünftiger und verantwortungsvoller Umgang mit sich und der Welt. »Sie sind besessen von der Liebe zur Menschheit«, wirft er Voltaire vor. »Und darin liegt ihr Fehler. Diese Liebe macht Sie blind. Wenn Sie die Menschheit lieben, so müssen Sie sie lieben, wie sie ist. Sie ist für die Wohltaten, die Sie an sie verschwenden wollen, nicht empfänglich, und wird dadurch nur unglücklicher und böswilliger. Lassen Sie ihr die Bestie [den Aberglauben], die sie verschlingt, und an der sie hängt. Über nichts habe ich mehr gelacht als über Don Quichotte, wie er sich mühsam der Galeerensträflinge erwehrt, denen er aus Herzensgüte eben die Freiheit geschenkt hat.«

Man trennt sich dann auch in ziemlich frostiger Stimmung. Bei Casanova ließ die Begegnung mit dem Idol eine in mehreren Schriften fühlbare Verärgerung zurück. Die Diskussion war zu hitzig, als daß Casanova sich hier für das Essen hätte interessieren können, und so hat er uns auch keine Beschreibung hinterlassen. Doch kennen wir aus zahlreichen Stellen der Schriften Voltaires dessen kulinarische Vorlieben. »Wie der schlechte Geschmack im Physischen darin besteht, den Gaumen durch zu pikante und zu gesuchte Gewürze reizen zu lassen, so besteht der schlechte Geschmack in den Künsten darin, nur an erkünstelten Ornamenten Gefallen zu finden, anstatt die schöne Natur zu empfinden«, schreibt er im *Philosophischen Wörterbuch*, einem seiner Bestseller. Konkreter wird er in seiner Korrespondenz: »Was die Kochkunst betrifft, so kann ich nicht ausstehen, wenn man Speck ausläßt oder mit einer Unmenge von Pilzen, Pfeffer und Muskatnüssen den Geschmack von in sich würzigen Gerichten übertönt, ja ich möchte noch nicht einmal, daß man das Fleisch spickt.« Voltaire beweist damit übrigens beim kulinarischen Geschmack – im Gegensatz zum literarischen Geschmack – weitgehende Übereinstimmung mit Casanova, der sich auch zu einer eher naturbelassenen Küche hingezogen fühlt. Im 18. Jahrhundert gilt die Zurückhaltung im Würzen, die nur eben den Eigengeschmack der hochwertigen Nahrungsmittel betonen soll, als Dernier cri. Wie viele Geschmacksfragen hat auch diese etwas mit einer sozialen Absetzbewegung zu tun. Seit die orientalischen Gewürze wesentlich billiger und damit auch für die Bürger erschwinglich geworden sind, sind sie als Prestigeobjekte uninteressant geworden. Der raffinierte Geschmack bekennt sich kurzerhand zur Einfachheit. Hochwertige Lebensmittel werden durch einheimische Kräuter, Butter und zurückhaltendes Würzen verfeinert. Voltaire aß besonders gern Hackfleischpasteten, getrüffelten Truthahn und Forellen aus dem Genfer See.

Truite ›Les Délices‹

Forelle mit Wiesenkräutern

4 frische Forellen (ca. 250 g)
4 dicke Büschel frisch gesammelter Wiesenkräuter (Brennesseln, Sauerampfer, Klee, Löwenzahn, Bachkresse, Pfefferminze)
1 Bund Petersilie
1 Bund Kerbel
2 Tassen Wasser
Salz

Die Kräuter sehr gut sortieren und waschen. Die Hälfte in einen großen Fisch- oder Schmortopf geben. Die Forellen ausnehmen, waschen und mit einem sauberen Geschirrtuch leicht trockentupfen. Anschließend innen und außen salzen. Die Fische auf das Kräuterbett legen und mit der anderen Hälfte der Wiesenkräuter bedecken. Das Wasser darübergießen. Den Topf verschließen, zusätzlich mit Alufolie abdichten. Bei starker Hitze zum Kochen bringen und anschließend bei kleiner Flamme 15 Minuten garen.

Auf einer vorgewärmten Platte mit frischen Wiesenkräutern anrichten. Dazu geschmolzene Butter reichen.

Zubereitungszeit: ca. 1 Stunde
Als Hauptgericht für 4 Personen

Kapitel 11

Casanovas Verhältnis zu Frauen und die drei Haupttypen von Beziehungen. Erstes sexuelles Versagen. Ortswechsel. Zusammenstöße mit der Justiz. War Casanova ein Falschspieler? Der Stubenfeger des Papstes: Zum Essen bei armen Leuten. Das Ordenskreuz vom Goldenen Sporn. Mengs und Winckelmann.

Der Zeitpunkt läßt sich nicht genau festmachen, aber man hat spätestens nach dem Voltairebesuch den Eindruck, daß die Lebensgeschichte sich fast hysterisch beschleunigt. Die Ortswechsel erfolgen immer schneller und vor allem immer unmotivierter, und mit den Damenbekanntschaften verhält es sich ähnlich. Casanova hat auch, wie er schon in Genf beim Anblick von Henriettens Schriftzug angedeutet hatte, sein Verhältnis zu Frauen verändert. Wenn es auch Ausnahmen gibt, ist er doch im allgemeinen zynischer geworden, redet weniger von Liebe und mehr von Genuß. Es mischt sich manchmal eine Verachtung in die Beziehung, die ihm früher fremd war und die vielleicht in Wirklichkeit ihm selbst gilt: »Für unsere Zeitgenossen und sogar für manche früheren Gefährten unserer Torheiten entwickeln wir eine Art von Geringschätzung, die sehr wohl ein Abbild des Urteils sein kann, das wir in manchen Augenblicken über uns selbst fällen.« Hatte ihm früher die Wonne des geliebten Geschöpfes besonders am Herzen gelegen, ja den Hauptteil des eigenen Vergnügens ausgemacht, so erklärt er jetzt schon mal einer Frau, die er begehrt: »Bedenken sie doch, meine schöne Lia, daß sich alle Frauen, ob anständig oder nicht, verkaufen. Wenn ein Mann Zeit dazu hat, kauft er sie durch seine Werbung; wenn er in Eile ist wie ich, hält er sich an Geschenke und Gold.«

Auch wenn es sich hierbei sicherlich um eine ganz realistische Einschätzung der Lage der Frau im 18. Jahrhundert handelt, wird

Watteau, »Vier Studien eines Frauenkopfes und zwei einer sitzenden Dame«

an solchen Äußerungen eine fortgeschrittene gefühlsmäßige Verrohung spürbar. Nicht unwichtig erscheint mir hier aber auch die Erwähnung des Zeitfaktors, denn Casanova beginnt allmählich einen außerordentlich gehetzten Eindruck zu machen. Das Merkwürdige daran ist, daß er sich nach außen weiterhin als reicher Vergnügungsreisender präsentiert, und damit seine Eile ohne nachvollziehbaren Grund bleibt. Möglicherweise handelt es sich um eine innere Unruhe, ein seelisches Getriebensein, und auffällig oft spricht er in dieser Zeit vom Heiraten oder allgemeiner vom Wunsch nach Ruhe, etwa als Mönch oder als Gelehrter. Andererseits beginnen sich zu dieser Zeit auch die Liebesgeschichten zu wiederholen. Casanova verweist zum Teil selbst darauf, indem er immer wieder Vergleiche anstellt oder sogar Frauen gleich benennt, wie die zweite M. M., die ebenfalls Nonne ist, und der sogar die eigene Tante eine frappierende Ähnlichkeit mit der Geliebten des Botschafters bescheinigt. Spätestens hier beginnt man aber auch als Leser ein Spiel, das darin besteht, schon anhand der ersten Begegnung mit einer Frau auf die daraus folgende Beziehung zu schließen.

Sich häufig wiederholende Muster sind die höhere Tochter in Not, der gegenüber sich Casanova äußerst ritterlich verhält, und von der er sich am Ende für immer und häufig mit unbekanntem Ziel der Dame trennt. Die viel häufigere Beziehung zu einer Zofe/Haushälterin/Wirtinnentochter, strahlt jedesmal eine fast eheartige, gemütliche Biederkeit aus. Wenn sich eine günstige Gelegenheit bietet, werden diese Mädchen kleinbürgerlicher Herkunft vorteilhaft verheiratet oder einem ernsthaften Liebhaber überlassen. Die Beziehungen zu einer Sängerin/Tänzerin, also verhältnismäßig selbständigen Frauen, sind insofern die dankbarsten, als sie niemals abreißen. Es sind dies die Frauen, die nach zwanzig Jahren immer noch so frisch aussehen wie damals und mit denen Casanova gern wieder anbandelt. Dies sind seine ehrlichsten Beziehungen. Man macht sich gegenseitig nichts vor und hilft einander bereitwillig. Man könnte von diesen drei Typen noch Casanovas Beziehungen zu Prostituierten absetzen, die er häufig besuchte. Dies ist aber insofern schwierig, als die Grenzen zu den andern drei Beziehungstypen dann kaum noch klar zu ziehen sind.

Die Unvereinbarkeit von Liebes- und Finanzinteressen ist eine Vorstellung der Romantik, die die reine Liebe über die Niederungen der Alltagsprobleme erheben wollte. In der Lebensgeschichte werden Gefühls- und Samenergüsse fast immer von einem Geldregen begleitet.

In eben jene Zeit, also in die beginnenden 60er Jahre, fällt auch Casanovas erstes Erlebnis sexuellen Versagens, das er im übrigen genauso offenherzig beschreibt wie seine Erfolge auf diesem Gebiet. »Sie fand mich untüchtig wie zuvor; ich machte sie schließlich ungeduldig, als ich sie allzusehr davon überzeugen wollte, daß dieses Mißgeschick nicht auf schlechtem Willen beruhte. Sie war versucht, sich selbst die Schuld zu geben, und von dem Gedanken an diese Möglichkeit gepeinigt, machte sie sich daran, den Zauberbann zu lösen, der mich untauglich machte. Um ihr Ziel zu erreichen, wandte sie Mittel an, die ich für unfehlbar hielt; ich hätte unrecht gehabt, sie ihr zu verwehren, aber alles war vollkommen umsonst. Meine Verzweiflung glich der ihren, als ich sah, wie sie entmutigt, beschämt und vor Verdruß weinend das Spiel aufgab. Sie verließ mich wortlos, und ich war in der traurigen Lage, ganz allein die zwei oder drei Stunden bis zum Anbruch des Tages verbringen zu müssen. Mein Gepäck stand bereit. Die Schlaflosigkeit blieb mir treu.«

Casanova bittet von nun an häufiger die Frauen, ihn in Ruhe zu lassen, wenn er sich erschöpft fühlt, andererseits steigt sein Frauenkonsum oder zumindest die Geschwindigkeit, mit der er die Frauen wechselt. Die Werbung wird immer kürzer, die Beschaffung neuer Partnerinnen immer brutaler, das reine Sexualinteresse immer unverbrämter, und die Beziehungen werden immer unpersönlicher. »Er verschaffte mir verschiedene hübsche Bekanntschaften, die ich jedoch nicht weiter verfolgt habe, weil sie mich nur zu Gefühlsaufwand verpflichtet hätten; ich aber wollte genießen und für richtige Vergnügungen bar bezahlen.«

Die Zeit der großen Lieben, also der Frauen, an deren liebevolle Beschreibungen man sich als Leser erinnert, ist noch nicht ganz vorbei. Doch hat die Verwechslungskomödie in Solothurn gezeigt, daß nunmehr offenbar weder seelische noch körperliche Eigenschaften der Frau irgendeine Rolle beim Geschlechtsakt spielen. Was ist passiert? Der Beischlaf ist zum reinen Selbstzweck geworden, und die Frau, mit der er praktiziert wird, im Grunde austauschbar.

Das hängt zum Teil auch zusammen mit geradezu stakkatoartigen Ortswechseln in dieser Periode, wobei die Anstrengungen des Reisens nicht zu unterschätzen sind. Um die extreme Mobilität Casanovas zu zeigen, sei hier nur die Reiseroute eines Jahres aufgelistet – von der Abreise bei Voltaire in Genf im Juli 1760 bis zum gleichen Monat des folgenden Jahres besucht er: Aix-les-Bains, Grenoble, Avignon, Marseille, Nizza, Genua, Florenz, Rom, Neapel, Florenz, Bologna, Modena, Parma, Turin, Chambéry, Lyon, Paris, Chalons, Straßburg und München.

Casanova ist bisher schon mehrmals mit der Justiz aneinandergeraten, doch lösten sich die Dinge entweder in Wohlgefallen auf, oder aber sie ließen sich mit Hilfe einflußreicher Freunde aus der Welt schaffen. Selbst die berühmte Flucht aus den Bleikammern, immerhin einem Staatsgefängnis, war von der besseren europäischen Gesellschaft offenbar als Kavaliersdelikt betrachtet worden. Diese Geschichte hatte ihn nicht nur zu einem begehrten Gesprächspartner gemacht, sondern auch einem Geheimauftrag des französischen Staates nicht weiter im Weg gestanden.

Als er im Dezember 1760 aus Florenz ausgewiesen wird, geht es um einen Wechselbetrug, mit dem Casanova, so wie er die Sache darstellt, nichts zu tun hatte. Doch beginnt hier nur eine ganze Kette von Ausweisungen durch die lokalen Obrigkeiten. Zwischen 1759 und 1771 wird er elfmal aus neun verschiedenen Hauptstädten verbannt. Jedesmal spricht er von einer Pechsträhne oder von Mißverständnissen, genauso wie er sich immer dagegen verwahrt hat, zu den berufsmäßigen Spielern gezählt zu werden. Die Frage, ob Casanova beim Spiel oder mit Wechseln betrogen hat, wird vermutlich niemals mehr abschließend zu klären sein. Einerseits ist er von einer beispiellosen Ehrlichkeit, die schon Stefan Zweig verstörte, der, ohne die Originalfassung zu kennen, bemerkte, Casanova plaudere »mit vollem Munde gemütlich aus, was ein anderer auch auf der Folter nicht zugeben würde, seine Gaunereien, seine Versager, seine Blamagen, seine geschlechtlichen Havarien und syphilitischen Kuren, weil ihm jedweder Nerv für ethische Unterschiede, jedes Organ für sittliche Komplexe vollkommen fehlt.«

Casanova gibt uns so ungeniert Auskunft über die Tricks, die ihm die Börsen seiner Mitmenschen öffneten, daß man sich fragen muß, warum er ausgerechnet in diesem Punkt gelogen haben sollte. Andererseits ist aber auch klar, daß Casanova ständig spielt und damit in ständigem Kontakt mit schlechter Gesellschaft steht, was ihn immer wieder in Schwierigkeiten bringt. Bisweilen wird er auch zumindest zum Partner von professionellen Falschspielern. Es drängt sich dann aber ganz offensichtlich die Frage auf, warum jemand, der doch einen, gelinde gesagt, lässigen Umgang mit dem Geld seiner Zeitgenossen pflegt, sich ausgerechnet in bezug auf das Falschspiel besonders sittenstreng verhalten sollte?

Ob zu Recht oder zu Unrecht, es scheint, daß es ab dieser Zeit mit Casanovas Ansehen abwärts geht. Auch muß er damals zum ersten Mal so etwas wie Heimweh empfunden haben. In Rom, der nächsten Station nach der Ausweisung, besucht er wieder einmal den Papst, diesmal Clemens XIII. Er bittet Seine Heiligkeit um ihre Vermittlung, damit er frei nach Venedig zurückkehren könne. Bis dieser Wunsch sich erfüllt, wird es noch lange dauern.

Beim Verlassen der Räume des Heiligen Vaters trifft er auf Momolo, einen ehemaligen venezianischen Gondoliere, der ihn wiedererkennt. Dieser ist nun ›*scopatore santissimo*‹ also ›*hochheiligster Stubenfeger*‹ des Papstes geworden und trägt eine Soutane. Er lädt Casanova zu sich nach Hause ein, der noch für den gleichen Abend zusagt. Casanovas große Freude über diese Einladung des armen Mannes zeigt übrigens neben seiner Heimatverbundenheit, daß er nicht nur darauf aus war, sich in der besseren Gesellschaft zu bewegen, sondern auch die Freundschaft ärmerer Menschen aufrichtig und herzlich zu erwidern vermochte. »Außerdem war die Armut fühlbar, denn der ›scopatore‹ mußte von zweihundert Scudi im Jahr leben. Dennoch sagte mir der wackere Mann, kaum daß ich Platz genommen hatte, er lade mich zum Abendessen ein; es gebe aber nur Polenta und Schweinekoteletts. ›Erlauben Sie, daß ich von mir zu Hause sechs Flaschen Orvietowein holen lasse?‹ ›Es steht Ihnen frei‹ Ich schrieb also einige Zeilen an Costa und trug ihm auf, mit sechs Flaschen und einem Schinken zu kommen. Eine halbe Stunde später erschien er mit einem Mietlakaien, der den Korb trug und alle Mädchen riefen: ›Was für ein hübscher Bursche er ist!‹« Der Diener Costa wird nun auf Wunsch der Mädchen, Momolo hat vier, allerdings häßliche Töchter, ebenfalls zum Essen eingeladen. »Man breitete ein Tuch über einen großen Tisch und stellte eine halbe Stunde später eine ungeheure Menge Polenta darauf, von der zwölf Personen satt werden konnten; dazu brachte man eine große Schüssel voll Schweinekoteletts.« Im Laufe des Essens kommt nun noch die schöne Nachbarin Mariuccia mit ihrer mürrischen Mutter dazu. Da sie ebenfalls arm ist, wird Casanova ihr später, allerdings nicht ganz ohne Gegenleistung, die Heirat mit einem hübschen Perückenmacher ermöglichen. Die Mitgift, die er dem Beichtvater des Mädchens auszahlt, beträgt genau hundert Zechinen, also zweihundert Scudi, und entspricht damit dem Jahreseinkommen des päpstlichen Stubenfegers.

Dem 18. Jahrhundert sind alle Fleischzubereitungen fremd, die wir heute als »kurzgebraten« bezeichnen und damit auch Koteletts, wie wir sie heute essen. Mit Koteletts ist hier das gemeint, was wir heute als »Rippchen« bezeichnen, was ja auch die wörtliche Übersetzung des französischen Wortes côtelette ist.

Cotolette con Polenta
Kotelett mit Polenta

Für die Rippchen:
2 Kilo möglichst magere Rippchen vom Schwein
5 Eßlöffel Olivenöl ›extra vergine‹
1 große Zitrone oder 2 kleine
Rosmarin (wenn frisch, am besten großzügig mehrere Zweige; bei Trockenware einen knappen Teelöffel)
4 Lorbeerblätter
1 Knoblauchzehe
1 1/2 große Tassen herber Weißwein
Salz
Pfeffer nach Geschmack

Überschüssiges Fett entfernen. Die Rippchen dabei in mundgerechte Stücke, am besten einzeln auseinanderschneiden. Aus Öl, Knoblauch, Zitronensaft, Lorbeerblättern und Rosmarin in einer großen Schüssel eine Marinade ansetzen. Das Fleisch für etwa eine Stunde hineinlegen, ab und zu wenden. Dann in einer großen, gußeisernen Pfanne oder einem schweren Bräter die Hälfte des Fleisches in der Marinade anbraten. Wenn es schön braun ist, herausnehmen, auf einer Platte beiseitestellen und mit der anderen Hälfte und dem Rest der Marinade ebenso verfahren. Ist die zweite Hälfte ebenfalls gebräunt, legt man die erste Hälfte wieder in die Pfanne zurück und schmort das Ganze auf kleiner Flamme weiter. Nun auch Salz hinzufügen und, falls gewünscht, pfeffern. Ist die Marinade fast verdampft, gießt man den Wein zu und schmort die Rippchen darin noch etwa 10 Minuten weiter. Es sollte sich eine sehr kräftig schmeckende braune Soße entwickelt haben, die hervorragend zu Polenta schmeckt.

Für die Polenta:
2 l Wasser
400 g Polentagrieß
Salz

Das Wasser in einem großen Topf zum Kochen bringen und anschließend salzen. Den Polentagrieß langsam hineinrieseln lassen und zunächst mit einem Schneebesen umrühren, damit er nicht anbackt. Nach einer Weile den Herd auf kleine Flamme herunterschalten und nun mit einem Holzlöffel ab und zu umrühren. Man muß nicht unbedingt ständig danebenstehen und rühren, doch sollte man die Sache dauernd im Auge behalten, damit nichts anbrennt. Nach etwa einer Stunde ist die Polenta fertig. Man legt nun ein sauberes Geschirrtuch in eine vorgewärmte Schüssel und gießt den Brei darauf. Die Enden des Geschirrtuches legt man nun darüber, um die Masse bis zum Verzehr warmzuhalten.

Zubereitungszeit: ca. 1 $^{1}/_{2}$ bis 2 Stunden
Hauptgericht für vier Personen

Tip: Dieses Essen eignet sich vor allem für einen vertrauten Kreis, da die Rippchen am besten schmecken, wenn man sie in die Hand nehmen und abknabbern kann.

Casanova gefällt es bei Momolo und dessen Familie so gut, daß er noch häufig wiederkehrt. Auch scheint er bei diesem Romaufenthalt den Zutritt zur feinen Gesellschaft nicht so richtig gefunden zu haben. Durch seinen Bruder Giovanni, einen Schüler von Anton Raffael Mengs, findet er Zugang zu dem deutschen Maler, bei dem er auch wohnt und der damals mit dem Deckengemälde der Villa Albani gerade ein epochemachendes Werk kreiert. Hier lernt er auch Johann Joachim Winckelmann kennen, den Begründer der Archäologie, der durch seine ästhetische Kunstbetrachtung das Ideal der deutschen Klassik schuf. Über diese beiden bedeutenden Männer erfahren wir einige intime Details. Nicht nur, daß Mengs sich bei jeder Mahlzeit bis zur Besinnungslosigkeit betrinkt. Casanova trifft auch irgendwann Winckelmann mit einem hübschen Knaben, der sich gerade die Hosen zuknöpft. Der große Gelehrte glaubt nun ihm erklären zu müssen, daß er nicht etwa homosexuell sei, sondern allein die Beschäftigung mit den Helden der Antike ihn dahin gebracht habe, die Knabenliebe immer wieder zu versuchen. Im Grunde liebe er jedoch nur Frauen, weshalb seine Versuche dann auch niemals von Erfolg gekrönt seien.

Als Dank für ein kostbares Buch, das er der päpstlichen Bibliothek schenkt, erhält Casanova von Seiner Heiligkeit das »Ordenskreuz vom Goldenen Sporn« sowie den Titel eines »Apostolischen Pronotar extra urbem«. Casanovas Sinn für Flitterkram und Bühneneffekte zeigt sich darin, daß er sofort beschließt, den eigentlich wertlosen Orden mit Diamanten und Rubinen zu verschönern. Auch trägt er das Kreuz an einem breiten roten Band um den Hals, statt, wie es sich gehört, bescheiden im Knopfloch. Fünf Jahre später wird er es ablegen, als ein russischer Großfürst ihn darauf hinweist, daß er sich damit nur blamiere. Immerhin erlaubt ihm diese Auszeichnung, den Titel Chevalier – er nennt sich schon längere Zeit Chevalier de Seingalt mit der Rechtfertigung, daß das Alphabet allen Menschen gehöre – nun rechtmäßig zu führen.

12. Kapitel

Casanova heiratet beinahe die eigene Tochter. In einem Gasthof in Marseille vollbringt er an Madame d'Urfé magische Operationen.

In Neapel, seiner nächsten Station, will Casanova wieder einmal heiraten. Auf der Stelle hat er sich in die schöne und geistvolle Mätresse des Herzogs von Matalone verliebt. Dieser kann nur mit seiner Frau schlafen und hält sich das Mädchen allein wegen des guten Tons. Der Ehevertrag ist schon aufgesetzt. »Ich betrachtete mich als verheiratet und mußte mich an eine sittsame Lebensweise gewöhnen.« Als die Mutter Leonildas, so heißt das Mädchen, anreist, gibt es wieder einmal einen spektakulären Auftritt. Sie ist niemand anderes als Donna Lucrezia, jene Advokatengattin, die Casanova bei seinem ersten Romaufenthalt zusammen mit ihrer Schwester verführt hatte. Wir ahnen es bereits: Leonilda ist seine Tochter. Da er sie nun schlecht heiraten kann, andererseits aber gerade in Heiratslaune ist, macht er sogleich der inzwischen verwitweten Mutter einen Antrag. Diese ist eigentlich nicht abgeneigt, plädiert aber für Seßhaftigkeit, worauf Casanova sich nicht einlassen mag. So verbringt man zunächst eine Nacht zu dritt, wobei die Tochter aber nur assistiert. Später wird Casanova, gewissermaßen aus Freundschaft, doch noch einen Sohn mit Leonilda zeugen. Sie ist inzwischen Marchesa geworden und der Gatte so gichtbrüchig, daß sein stolzes Geschlecht auszusterben droht. »Der Inzest, das ewige Thema der griechischen Tragödie, rührt mich keineswegs zu Tränen, sondern bringt mich zum Lachen; und wenn ich bei Phädra weine, so liegt das nur an der Kunst Racines.« Es folgen wieder einmal schnelle Ortswechsel, vor allem in Oberitalien, Deutschland und Frankreich.

Wir schreiben nun das Jahr 1763 und Casanova soll endlich die große Verwandlung an Madame d'Urfé bewirken, die schon mehrfach gescheitert ist. Die Marquise erwartet ihn bereits sehnsüchtig im Gasthof »Zu den dreizehn Kantonen« in Marseille. Man kann sich vorstellen, daß die Gönnerin langsam ungeduldig wird, denn sie unterstützt ihn nun schon seit Jahren mit beträchtlichen Mitteln, ohne dafür mehr als Vertröstungen und Ausflüchte erhalten zu haben.

Schon die Reisegesellschaft, mit der er sich in Genua einschifft, ist höchst pittoresk. Neben seinem nachgeborenen Bruder, der etwas begriffsstutzig ist, begleiten ihn ferner der Abenteurer, Falschspieler und mäßige Schriftsteller Passano, den er kurzerhand als Sekretär engagiert hat, sowie zwei schöne Frauen. Die eine, die er Mlle Crosin nennt, ist ihm sozusagen zugefallen, da sie von einem anderen Abenteurer, Antonio Croce, auch Marquis von Santa Croce, schmählich im Stich gelassen wurde. Dies versetzt Casanova wieder einmal in eine seiner Lieblingsrollen, nämlich die des selbstlosen Retters schöner, ins Unglück geratener Frauen. Die andere, Marcolina, ist ein wunderschönes dunkelhaariges Mädchen von fröhlichem Wesen, das mit Casanova vor allem die Hinwendung zu den Freuden des Bettes und der Tafel teilt. Casanova hat sie seinem Bruder einfach weggenommen, woraufhin dieser jetzt allen mit seinem Gejammer auf die Nerven fällt. Die zusammengewürfelte Gesellschaft hat etwas von einer Provinzschauspielertruppe, und das ist auch tatsächlich ihre Funktion: Außer der ehrenhaften Mlle Crosin ist jedem ein bestimmter Part bei der Verwandlung von Madame d'Urfé zugedacht. Passano soll Querilint spielen, das berühmte Oberhaupt der Rosenkreuzer, eines alchimistischen Geheimbundes. In dieser Eigenschaft soll er die Wiedergeburt einleiten. In den Körper des schwachsinnig erscheinenden Bruders soll die Seele eines Luftgeistes verpflanzt werden, damit er in Madame d'Urfé ein halb göttliches halb menschliches Geschöpf zeugen kann.

Doch soweit kommt es gar nicht erst, denn interne Querelen bewegen Casanova, sich beider zu entledigen: Der Bruder macht immer wieder Ansprüche auf Marcolina geltend, und Passano stellt finanzielle Forderungen, die auf eine Beteiligung hinauslaufen. Durch ein Orakel bereitet Casanova die Entfernung des geschlechtskranken Passano vor: »Das Orakel besagte, daß sieben Salamander den richtigen Querilint in die Milchstraße versetzt hätten, und daß der im Bett des Erdgeschoßzimmers der verruchte Saint-Germain sei, den ein weiblicher Gnom in diesen abscheulichen Zustand versetzt habe, um ihn zum Henker der Seramis [Madame d'Urfé] werden zu lassen, die noch vor Ablauf ihrer Schwangerschaft an der gleichen Krankheit gestorben wäre. Das Orakel ordnete an, Seramis solle ›Paralisée Galtinarde‹ (das war ich) alle Sorge überlassen, Saint Germain zu entfernen, und keineswegs an dem glücklichen Gelingen der Wiedergeburt zweifeln, ... Ein letztes Orakel entschied, daß ich Seramis zwei Tage nach Beendigung der Weihen schwanger machen solle, nachdem uns eine reizende Undine in dem Zimmer, in dem wir eben waren, in einem Bad geläutert habe.« Eiskalt entledigt sich Casanova nun seiner Konkurrenten durch Erpressung und eine Summe Geldes, die sie nur an bestimmter Stelle an einem bestimmten Tag erhalten können.

Mit der Verwandlung wird es nun langsam ernst und Casanova trifft gewisse Vorsichtsmaßnahmen, denn es wird nun seine Aufgabe sein, mit Madame d'Urfé zu schlafen. »Nachdem ich mich so verpflichtet hatte, die Wiedergeburt meiner guten Seramis einzuleiten, traf ich Vorsorge keine schlechte Figur zu machen. Die Marquise war schön, aber alt. Es konnte dazu kommen, daß ich mich als unfähig erwies. Mit achtunddreißig Jahren mußte ich feststellen, daß mir dieses peinliche Unglück häufig zustieß. Die schöne Undine, die mir vom Mond beigesellt werden sollte, war Marcolina, und sie würde mir im Bad augenblicklich zur nötigen Zeugungskraft verhelfen. Daran konnte ich nicht zweifeln. Der Leser wird sehen, wie ich es anstellte, um sie vom Himmel herabsteigen zu lassen.« Marcolina wird nun als Laufbursche eingekleidet – ganz in grünem Samt – und sieht bewundernswert aus. Sie ist nun schon die vierte Liebe Casanovas, der wir als Mann oder Junge verkleidet begegnen, und es scheint, daß Casanova für schöne Frauen in Männerkleidung eine ausgeprägte Schwäche hatte. Im 18. Jahrhundert gibt es in vielen Ländern noch Kleiderordnungen, d. h. wer wann was zu welchem Anlaß zu tragen hatte war relativ streng vorgeschrieben. Dies zementiert einerseits die Ständegesellschaft, da sich der Rang des Gegenübers in der Kleidung deutlich zeigt und man sofort weiß, ob man sich nun devot oder überheblich geben sollte. Andererseits entstehen so auch Schlupflöcher, die sich abenteuerliche Existenzen wie Casanova zunutzte machen: Wenn man gekleidet ist wie ein Herzog, kann man auch das eine oder andere Mal als solcher durchgehen. Frauen in Männerkleidung überschreiten aber nicht nur die Grenzen ihres Standes, sondern auch ihres Geschlechts, und dies nicht nur im Sinne einer bloßen Koketterie. In einer Gesellschaft, die Frauen vergleichsweise wenig Bewegungsfreiheit einräumt, verbirgt sich hinter einer Frau in Männerkleidung, jenseits des ästhetischen Reizes, häufig eine abenteuerliche Geschichte und ein interessanter Charakter, wie wir an Bellino, Henriette und M. M. schon gesehen haben.

Doch zurück zu der wundersamen Verwandlung der Marquise. Unter einem unglaublichen Theaterzauber, bei dem Casanova nebenher beträchtliche Mengen an Edelsteinen einsteckt, die er angeblich im Meer versenkt, beginnt die magische Operation, deren Stunde natürlich genau festgelegt werden muß.

»Nur Clairmont durfte uns bei Tisch bedienen; auch wollte sie an diesem Tag nur Fisch essen. Um halb zwei befahl ich Clairmont, unsere Räume für jedermann zu verschließen und auch bis sechs Uhr spazieren zu gehen, falls er Lust dazu habe.«

Die schöne Undine wartet indessen in ihrer Kostümierung schon im Schrank.

Endlich ist es soweit. Aus unerfindlichen Gründen scheint eine erste Vereinigung mit Seramis-Madame d'Urfé nicht auszu-

Madame d'Urfé

reichen, so daß Casanova einen zweiten Vorstoß beginnt: »Seramis war einmal schön gewesen, aber nun sah sie aus, wie ich es heute tue; ohne die Undine wäre die Operation mißglückt. Immerhin war Seramis zärtlich, verliebt, keineswegs unappetitlich und stieß mich nicht ab. Nachher sagte ich: ›Wir müssen auf die Stunde der Venus warten‹. Die Undine reinigte uns dort, wo man die Spuren der Liebe sah; sie umarmte die Neuvermählte, badete sie bis ganz hinauf zu den Schenkeln, liebkoste sie, umarmte sie wiederholt und tat dann mit mir das gleiche. Von ihrem Glück erfüllt, bewunderte Seramis die Reize dieses göttlichen Geschöpfs und forderte mich auf, sie zu betrachten; ich fand, daß keine sterbliche Frau ihr gliche. Seramis wurde erneut zärtlich; die Stunde der Venus begann, und von der Undine ermutigt, unternahm ich einen zweiten Angriff, der noch stärker sein mußte, denn die Stunde dauerte fünfundsechzig Minuten. Ich begann den Kampf, arbeitete stöhnend und schweißgebadet eine halbe Stunde und ermüdete Seramis, ohne zum Letzten gelangen zu können, doch schämte ich mich, sie zu beschwindeln.« Der letzte Satz klingt besonders komisch, ist doch die ganze Sache nichts anderes als ein ausgemachter Schwindel. Casanova heuchelt schließlich doch einen Orgasmus, was er dann auch noch ein drittes Mal tut, als das Ereignis der Stunde des Merkur geweiht ist. Schließlich will die Marquise die Sache genau wissen und befragt das Orakel. »Erschreckt über diese Frage, ließ ich es antworten, das Verbum der Sonne sei in ihrer Seele, und sie werde Anfang Februar sich selbst als männliches Kind gebären. Aber sie müsse hundertundsieben Stunden in ihrem Bett bleiben.«

Casanova sagt, wahrscheinlich zu sehr mit der Verwandlung beschäftigt, nichts darüber, welchen Fisch er mit der Marquise gegessen hat. Doch wissen wir von einem anderen Marseiller Aufenthalt im gleichen Gasthof, welchen Fisch er in Marseille präferierte: »... dann ging ich recht zufrieden zum Mittagessen, und war hernach noch zufriedener dank des guten Fisches, den man mir aufgetischt hatte. Die Barben, die man hier ißt, die wir

Venezianer ›barboni‹ und die Toskaner ›triglie‹ nennen, sind einmalig. Auf Französisch heißen sie ›rougets‹, offenbar weil sie rote Köpfe und Flossen haben.«

Rougets à la lune

Magisches Fischessen im Zeichen des Mondes

2 Rotbarben (Rougets) von 300–400 g, küchenfertig
4 Stengel glatte Petersilie
2 Zehen Knoblauch
4 Blätter Salbei
20 Nadeln Rosmarin
2 kleine Zweige Lavendel
2 Lorbeerblätter
4 Blätter Basilikum
100 g Butter
Salz
Pfeffer

Die Rotbarben waschen, trockentupfen, salzen und pfeffern. Seitlich dreimal einschneiden. Die Bauchhöhlen reichlich mit den Kräutern füllen und mit Zahnstochern zustecken. In eine entsprechend große, gefettete Schale legen und in die seitlichen Einschnitte Butterstücke geben. Unter den vorgewärmten Grill schieben und 15–20 Minuten grillen.

Zubereitungszeit: ca. 45 Minuten
Als Hauptgericht für 2 Personen

13. Kapitel

Ankunft in London. Betrachtungen über die englische Küche. Die Affäre mit der Charpillon. Casanova erleidet eine Lebenskrise und begeht beinahe Selbstmord. Er muß aus London fliehen.

Unmittelbar nachdem er also die alte Marquise angeblich geschwängert hat, reist Casanova nach London. Was er hier will, ist wieder einmal unklar. Er spricht vage von einem Projekt, durch das er sein Glück zu machen hofft, doch ist sein Ansprechpartner, Lord Egremont, verstorben, bevor er ihn überhaupt treffen kann. Dennoch hat er von Anfang an vor, ein Jahr zu bleiben, obschon ihm »die Insel, die man England nennt« ziemlich fremd ist und er die Landessprache nicht beherrscht. »Das Wasser der Themse hat einen anderen Geschmack als das aller Flüsse der Welt. Das Hornvieh, die Fische, überhaupt alles, was man ißt, schmeckt anders, als wir es gewohnt sind; die Pferde sind anderer Art, sogar in ihrem Bau, und die Menschen haben einen besonderen, der ganzen Nation eigentümlichen Charakter ...«.

Auf diesem fremden Territorium wendet sich Casanova gleich nach seiner Ankunft an Teresa Imer, eine alte Bekannte und frühere Liebschaft aus Venedig. In Amsterdam hatte er ihr noch mit Geld ausgeholfen, doch enttäuscht sie ihn nun bitter. Sie nennt sich jetzt Madame Cornelys und richtet gesellschaftliche Großveranstaltungen für den englischen Adel aus. Da sie nun glaubt, Zugang zur feinen Gesellschaft gefunden zu haben, behandelt sie Casanova herablassend und schlecht. Doch beweist sich auch im kulturell fremden England die Internationale der Außenseiter. Als er im »Orange Coffee House, das wegen seiner Gäste, des Abschaums aller üblen Italiener in London, berüchtigt war«, eine Limonade trinken geht, schließt er sogleich Freundschaft mit dem Poeten Martinelli, der ihm auch ein Haus vermittelt, wo Casanova sich sogleich auf ganz großem Fuße einrichtet. »Es gebe kaum einen Lord in London, außer denen, die ständig dort wohnten, der es sich einfallen ließe, ein so großes Haus wie das meine zu führen«, bemerkt einer seiner Bekannten.

Eine gewisse Offenheit gegenüber der fremdländischen englischen Küche ist Casanova ebenso selbstverständlich wie ihm die Sparsamkeit der Engländer fremd ist. »Am nächsten Tag begann ich, bei mir zu Hause zu essen, und war mit meinem englischen Koch sehr zufrieden, der außer den bevorzugten Gerichten seines Landes, die er mir alle Tage vorsetzte, auch Masthühnchen und köstliche französische Ragouts auftischte. Nur das Alleinsein empfand ich als unangenehm. ... Man lachte, als ich sagte, ich äße zu Hause, da ich in den Gasthöfen keine Suppe erhielte. Man fragte mich, ob ich krank sei. Der Engländer ist ein Hammelesser. Er ißt fast kein Brot und behauptet, haushälterisch zu sein, wenn er die Ausgabe für die Suppe und den Nachtisch spart; das veranlaßte mich zu der Bemerkung, die englischen Mahlzeiten hätten weder einen Anfang noch ein Ende. Die Suppe wird als große Verschwendung betrachtet, weil nicht einmal die Dienstboten das Fleisch essen wollen, aus dem man die Bouillon gekocht hat. Sie sagen, es sei gerade noch für die Hunde gut genug. Das Rindfleisch wird eingesalzen anstatt gekocht und schmeckt ausgezeichnet. Ich habe versucht, mich an das Bier zu gewöhnen, mußte aber nach acht Tagen darauf verzichten. Der bittere Geschmack, den es hinterließ, war mir unerträglich. Der Weinhändler, den mir Bosanquet verschafft hatte, lieferte mir ausgezeichnete, weil naturreine, französische Weine; aber ich mußte sie ihm teuer bezahlen.« Als schwieriger erweist es sich, eine gute Freundin für Bett und Tisch zu finden, denn Casanova langweilt sich. Die englischen Frauen entsprechen nicht seinem Geschmack, und seine Unkenntnis der englischen Sprache erweist sich als lästiges Hindernis, was ihn später auch daran hindert, mit der damals berühmtesten englischen Kurtisane, Kitty Fisher, intime Beziehungen aufzunehmen: »Sie war reizend, doch sie sprach nur englisch. Da ich nur mit allen meinen Sinnen lieben konnte, wollte ich dabei nicht auf das Hören verzichten.« Auch macht er wieder einmal schlechte Erfahrungen mit den Damen der höheren Gesellschaft. Eine Lady, mit der ihn ein kurzes Abenteuer verband und die er nun in Gesellschaft wiedertrifft und begrüßt, weist ihn scharf zurecht: »›Ich habe Ihnen doch meinen Namen gesagt, Madame. Erinnern Sie sich nicht an mich?‹ ›Ich erinnere mich sehr gut; aber solche Narreteien geben noch kein Recht auf Bekanntschaft‹.«

Casanova greift nun zum Medium der Kleinanzeige und läßt an seinem Haus einen Anschlag anbringen, daß er eine Untermieterin suche. Allerdings ist dieses Gesuch so eindeutig formuliert, daß ganz London darüber lacht. Immerhin hat er vorerst Erfolg, denn es meldet sich eine junge Dame, Pauline, ganz eindeutig vom Typ höhere Tochter in Not. Ihr gegenüber schlüpft Casanova nun bis zur Rückkehr des Mädchens nach Portugal wieder einmal in die Rolle des edlen Retters. »Die Möglichkeit eines Mißerfolgs zog ich gar nicht in Betracht; ich wußte, daß keine Frau der Welt einem beharrlichen Werben und all den Aufmerksamkeiten eines Mannes widerstehen kann, der sie verliebt machen will.« Die Geschichte mit Pauline wiederholt bis in Einzelheiten die Henriette-Geschichte, wenn auch Pauline nicht ganz so entkörperlicht und Henriette heiterer war. Casanova vergleicht die beiden Frauen selbst miteinander, wobei er sein Liebesglück weniger dem magischen Zauber der eigenen Person als einem satten materiellen Polster zuschreibt: »Ich war mit beiden glücklich, weil ich als reicher Mann mit ihnen zusammentraf; sonst hätte ich weder die eine noch die andere kennengelernt.«

Wir nähern uns nun wieder einmal einer sehr bekannten Episode, wenn nicht überhaupt der Peripetie der Lebensgeschichte, das heißt dem Punkt, an dem Casanova selbst seinen von nun an sinkenden Stern festmacht. Es handelt sich um die unerwiderte

Liebe zu Marie Anne Geneviève Charpillon, die, umgeben von einer zweifelhaften Korona von Großmutter, Mutter, Tanten und drei professionellen Gaunern, darauf abgerichtet war, reiche Männer zu rupfen.

Diese Episode hat immer wieder als Anregung für literarische Werke gedient und zwar sicher vor allem deshalb, weil hier die Lebensgeschichte eine wenn auch nur kurze Wendung in die Tragödie nimmt. Casanova will sogar kurzzeitig Selbstmord verüben. »An diesem verhängnisvollen Tag zu Anfang September 1763 begann ich zu sterben und hörte auf zu leben. Ich war damals achtunddreißig Jahre alt«, bemerkt er zu seinem schicksalhaften Zusammentreffen mit dem Mädchen.

Die Charpillon ist ganz offensichtlich eine käufliche Schönheit, was auf Casanova eher beruhigend wirkt. In gewohnter Selbstgewißheit geht er die Sache an: »Selbst wenn ich nicht annahm, daß ich ihr gefallen könnte, wußte ich, daß ich Geld hatte, daß ich nicht geizig war und daß sie sich nicht widersetzen würde.« Warnungen schlägt er in den Wind, sowohl die der Charpillon selbst, die gleich, als er sie kennenlernt, ankündigt, daß sie mit ihm schlittenfahren wird, als auch die Lord Pembrokes, eines guten Freundes und Lebemannes, der sich in solchen Dingen wohl auskennt, und der ihn explizit vor der Charpillon warnt: »Sie ist eine kleine Hexe, die ihr möglichstes tun wird, um Sie hereinzulegen.« Casanova kennt sich im Huren- und Gaunermilieu hinreichend aus und glaubt, geschickt genug zu sein, gegen Bares auf seine Rechnung zu kommen. Dies ist aber auch der springende Punkt der Geschichte.

Bei oberflächlicher Betrachtung entspricht die Charpillon-Episode dem Mythos der Femme fatale, die einen ehrbahren Mann umgarnt, betrügt und schließlich in den materiellen wie seelischen Ruin treibt. Sieht man die Sache näher an, relativiert sich die Tragik etwas, denn von großen Gefühlen ist hier eigentlich nirgendwo die Rede. Casanova erscheint vielmehr als jemand, der eine Hure im voraus bezahlt hat, die sich nun weigert ihren Verpflichtungen nachzukommen. Er ist ferner auch kein blauäugiger Jüngling oder weltfremder Gelehrter, sondern ein erwachsener Mann, der auf eine zwanzigjährige intensive Erfahrung mit der Halb- und Unterwelt zurückblicken kann. So ist schon der Beginn der näheren Beziehung nicht eben von schwärmerischer Romantik getragen: »Als ich ganz allein war und über diese erste Szene nachdachte, fand ich sie natürlich, in Ordnung und keineswegs ein schlechtes Vorzeichen, besonders da sie hundert Guineen brauchte, um die sie mich bereits gebeten hatte. Ich begriff sehr gut, daß ich keine Gunst von ihr erhoffen konnte, ohne auch ihr eine zu geben, und dachte sicherlich nicht an ein Feilschen; aber sie mußte ebenfalls wissen, daß sie nichts erhalten würde, wenn es ihr einfiel, sich zu zieren. Es war nun an mir, mich so zu verhalten, daß ich keinen Hereinfall zu befürchten hatte.« Über weite Strecken liest sich die Darstellung der Liebesbeziehung wie eine Geschäftsbilanz, und so nennt Casanova immer wieder Zwischensummen, die er gerade wieder investiert hat, um doch noch ans Ziel zu gelangen.

Als er ihr ein Service für Kaffee und Tee aus Meißner Porzellan für zwölf Personen und einen teuren Wandspiegel schenkt, legt er gewissermaßen aus Schwäche einen verliebten Brief dazu. Als die Charpillon ihn daraufhin zum Souper einlädt, dämmert es Casanova: »Da ich nun meines Glückes sicher war, glaubte ich zu erkennen, daß ich sie schon lange erobert hätte, wenn ich so geschickt gewesen wäre, sie bei ihrem Gefühl zu packen.« Gefühl als taktisches Mittel, um eine Frau ins Bett zu bekommen, in die man angeblich verliebt ist?

Die Charpillon hat dann auch nicht lange Freude an den Geschenken, denn in einem Anfall von Eifersucht – Casanova erwischt das Mädchen mit dem Friseur in einer eindeutigen Situation – zerschlägt er nicht nur das Meißner Porzellan, sondern gleich auch noch das übrige Mobiliar. Die Charpillon flieht natürlich. Die ehrbare Sippschaft führt nun die folgende Schmierentragödie auf: Die Charpillon liege im Sterben, weil durch den nächtlichen Schreck ihre Regel zum Stillstand gekommen sei. Um sich selbst »in Erkenntnis meiner unverzeihlichen

Schuld für das Verbrechen zu bestrafen, daß ich dem Leben eines reizenden, für die Liebe geborenen Geschöpfes ein Ende gesetzt hatte«, packt Casanova sich die Taschen so schwer mit Blei voll, daß er kaum mehr gehen kann. Er macht sich auf, um sich beim Tower in die Themse zu stürzen. Unterwegs trifft er jedoch einen flüchtigen Bekannten, Sir Esquire Agar, dem er den Vorschlag, schnell eine kleine Sause zu machen, nicht abschlagen mag: »Ich könne, sagte ich mir, meine Absicht später ausführen, wenn wir uns getrennt hätten. Ich laufe nur Gefahr, noch fünf oder sechs Stunden länger zu leben.« Man geht also erstmal Mittagessen, und Agar organisiert zusätzlich zu seiner eigenen Verabredung ein zweites Mädchen, eine Französin. »Ein Mann, der seit drei Tagen weder gegessen noch geschlafen hat, ist sicherlich für Versuchungen der Venus wenig empfänglich. Worte hätten sie nicht überzeugt, wenn ihnen Agar nicht meinen Namen genannt hätte. Ich besaß einen Ruf und sah, wie sehr sie davon beeindruckt waren...

Da es ein englisches Essen gab, also keine Suppe, konnte ich wirklich weder ein Stück Roastbeef noch einen Bissen von dem Pudding hinunterbringen. Ich aß nur einige Austern, trank von dem recht guten weißen Bordeaux und freute mich an der Geschicklichkeit Agars, sich allen beiden zu widmen. In seinem Übermut schlug er der Engländerin vor, ganz nackt die Hornpipe zu tanzen; sie war einverstanden, wenn man blinde Musikanten finden könne, und wenn wir uns alle so wie sie auszögen.

Ich sagte Agar, ich würde alles tun, was er wolle, aber ich könne weder tanzen, denn ich könne mich nicht auf den Beinen halten, noch die Wirkung zeigen, die die Reize der beiden Mädchen eigentlich auf mich haben müßten.« Zu sehr mitgenommen, als daß er an der kleinen Orgie aktiv teilnehmen könnte, möchte er dennoch die Hälfte bezahlen, hat jedoch wegen der Selbstmordabsicht nur sehr wenig Geld bei sich, so daß er sich von Agar welches leihen muß. »Wie hätte ich am Morgen ahnen können, daß ich mich nicht ertränken, sondern einen so hübschen Abend erleben würde? Das Geld, das ich von dem Engländer ausgelie-

Hogarth, »Gelage«

hen hatte, ließ mich meinen Selbstmord auf den nächsten Tag verschieben.« Übrigens dürfte es sich hier um den lebensbejahendsten Selbstmordversuch der Weltliteratur handeln. Im nächsten Vergnügungslokal trifft er dann die Charpillon bei bester Gesundheit an, und die Sache mit dem Selbstmord ist damit erledigt. Die mit der Charpillon übrigens auch.

Die englische Küche galt den kontinentalen Besuchern im 18. Jahrhundert als roh und barbarisch, während die Engländer wiederum die französische Küche als dekadent und affektiert ablehnten. Tatsächlich hatte sich in England die mittelalterliche Tradition der großen, im Ganzen gebratenen Fleischstücke bewahrt, die in Frankreich schon längst durch als feiner geltende Ragouts, Frikassees und Pasteten ersetzt worden waren. Voltaire soll spöttisch wie immer bemerkt haben, es wundere ihn, daß ein Land, in dem es sechzig verschiedene Religionen gebe, nur über eine einzige Sauce verfüge. Mir scheint, daß Casanova, der sich in seiner Alterskorrespondenz einmal selbst als »carnivore«, also als Fleischfresser, bezeichnet hat und außerdem naturbelassene Speisen liebte, die englische Fleischküche geschätzt hat.

Ein wichtiger englischer Beitrag zur modernen Ernährung ist allerdings das Sandwich, benannt nach dem 4. Earl gleichen Namens. Der noble Zeitgenosse Casanovas hatte keine Lust, sein Kartenspiel der Mahlzeiten wegen zu unterbrechen und ließ sich belegte Weißbrotschnitten bringen. Als er starb honorierte Hölderlin diese Erfindung mit den Worten: »Er hat die Menschheit vom warmen Mittagessen erlöst. Wir schulden ihm tiefen Dank!«

Das englische Roastbeef war im 18. Jahrhundert ein riesiges Stück Fleisch mit Rippen und Filet, das an einem Spieß am offenen Feuer 3–4 Stunden lang gebraten wurde. Da die meisten von uns über solche Möglichkeiten nicht verfügen, hier ein zivilisierteres »klassisches« Roastbeefrezept.

Roastbeef à l'anglaise

Roastbeef englische Art

1200 g Roastbeef
Senf
Pfeffer
Salz

Das Roastbeef mit Senf, Pfeffer und Salz bestreichen und auf der obersten Schiene des Backofens *je Seite* 15 Minuten grillen.

Zubereitungszeit: ca. 45 Minuten
Für 4 Personen als Hauptgericht

Tip: Die wirklich meisterhafte Zubereitung von Roastbeef genau auf den richtigen Punkt, ist weitgehend übungs- und erfahrungsbedingt, da jedes Stück Fleisch anders ist und der Kenner am einzelnen Stück entscheiden muß, wie lange es braucht. Wer unsicher ist, sollte eine Bratennadel benutzen. Dazu das Roastbeef herausziehen und feststellen, ob die Innentemperatur 65 °C beträgt. Anfängern rate ich, zumindest wenn Gäste kommen, von diesem Rezept ab.

Neben aller schon geschilderten Unbill wird Casanova auch noch in ein zweifelhaftes Wechselgeschäft verwickelt, das ihn beinahe das Leben kostet, denn in England steht auf Wechselfälschung der Strang. Geschlechtskrank und finanziell am Ende, gelingt ihm mit knapper Not die Flucht.

14. Kapitel

Der Tod Madame d'Urfés und die Folgen. Casanova geht auf die Suche nach einer festen Anstellung. Berlin. Wiedersehen mit Calzabigi. Begegnung mit dem großen Friedrich. Im Gasthof der Madame Rufin.

Casanova selbst hat seinen Aufenthalt in London und die hier durchlebte Krise als die entscheidende Wende seiner Lebensgeschichte beschrieben. Anhand der im Vordergrund stehenden Charpillon-Episode läßt sich ein solcher seelischer Zusammenbruch schwer nachvollziehen. Viel wahrscheinlicher ist, daß die Sache mit dem Tod von Madame d'Urfé zusammenhängt, von dem er in London, angeblich durch den Brief einer gemeinsamen Bekannten, Madame du Rumain, erfahren hat. Es ist im Grunde unnötig festzustellen, daß die historische Madame d'Urfé erst zwölf Jahre später das Zeitliche segnete. Auf jeden Fall hat sie sich, wahrscheinlich unter dem Druck ihrer um das Erbe bangenden Verwandtschaft, zu etwa diesem Zeitpunkt endgültig von Casanova gelöst. Das bedeutet den Zusammenbruch seines Finanzsystems wie auch das Ende seiner losen Zugehörigkeit zur besseren Gesellschaft. Schon lange vor dem endgültigen Bruch hatte Casanova seine diesbezüglichen Ängste auf den Punkt gebracht: »Ich befürchtete schon, meine gute Mme d'Urfé sei gestorben oder endlich vernünftig geworden, was für mich auf dasselbe hinausgelaufen wäre… was ich für meine Seelenruhe und für die Erholung meiner Börse wissen mußte.

Ich war also in der allergrößten Bedrängnis; ganz besonders bedrückte mich, daß ich mir ein beginnendes Nachlassen meiner Kräfte eingestehen mußte, die übliche Folge des Alterns. Ich hatte nicht mehr die unbekümmerte Zuversicht, die einem die

Jugend und das Gefühl der Kraft verleihen; und doch hatte ich aus der Erfahrung noch nicht genug gelernt, um mich zu bessern.«

Nach Aussage eines Neffen der Marquise, die Casanova uns selbst überliefert, soll er die Dame um eine Million erleichtert haben, was, wenn man das aufwendige Leben Casanovas in den letzten sechs Jahren betrachtet, vorstellbar ist. Ähnlich bedeutsam dürfte die gesellschaftliche Protektion der Marquise gewesen sein, die Casanova dem einen oder anderen Botschafter empfohlen oder ihn eben mal aus dem Gefängnis geholt hatte. In einer auf persönlichen Beziehungen und Standesprivilegien basierenden Gesellschaftsordnung war dies ein nicht zu unterschätzender Vorteil gewesen.

Casanova sieht sich mit einem Schlag von der Rolle des Hätschelkindes der besseren Gesellschaft in die des an der Schwelle zum Alter stehenden Abenteurers geschleudert. Außer einer gewissen Bildung, einer wachen Intelligenz und einigen literarischen Versuchen hat er neben einer großen Lebenserfahrung und einer gewissen Chuzpe nicht viel vorzuweisen. Sein Ruf ist auch nicht mehr der beste, und die Orte mehren sich, an denen er sich nicht mehr sehen lassen kann – sei es, daß er hier schon ausgewiesen wurde, sei es, daß er fliehen mußte, wie zuletzt in London.

Casanova wäre aber nicht Casanova, würde er jetzt in Selbstmitleid verfallen. Ohne daß er uns das direkt mitteilt, wird eines deutlich: Er versucht jetzt, eine feste Anstellung an einem der großen europäischen Höfe zu erlangen. In diesem Zeichen stehen die folgenden Reisen. Von diesem Zeitpunkt an versuchte er auch, sich intellektuell stärker zu profilieren, denn bisher hatte er nur sporadisch und zum eigenen Vergnügen geschrieben, hauptsächlich Gelegenheitsarbeiten mit Bezug zum Theater. Nun versucht er den Beweis seiner Nützlichkeit und Seriosität zu erbringen, wie hinterlassene Projekte z. B. für eine Seifenfabrik in Warschau oder die Seidenerzeugung in Rußland deutlich zeigen.

Warum er sich nun ausgerechnet in das hochmilitarisierte und ungastliche Preußen Friedrichs des Großen begibt, wird wiederum nicht deutlich. »Andere Staaten haben eine Armee, Preußen ist eine Armee, die einen Staat hat«, hat Mirabeau, der später kam, seine Eindrücke zusammengefaßt. Andere französische Aufklärer hatten ebenfalls Schwierigkeiten mit dem aufgeklärten Despoten. Über Voltaire, der ihn soeben zum »Philosophen auf dem Thron« gekürt hatte und der auf Einladung Friedrichs in den beginnenden 50er Jahren nach Sanssouci gekommen war, äußerte dieser: »Ich brauche ihn höchstens noch ein Jahr: Man preßt die Orange aus und wirft die Schale weg.«

Wie überall trifft Casanova auch hier sofort auf alte Bekannte. Diesmal ist es Calzabigi, mit dem er in Paris seinerzeit die Staatslotterie eingerichtet hatte. Dieser befindet sich in einer unangenehmen Situation, denn der König will seine Einlagen aus der preußischen Lotterie zurückziehen, die als anrüchiges Unternehmen empfunden wird, wozu Calzabigi selbst durch ostentativ angeberischen Lebenswandel beigetragen hat. Er bietet Casanova ein Jahresgehalt von 10 000 Talern, falls dieser den König überzeugen könne, an der Lotterie beteiligt zu bleiben.

Als Casanova Friedrich um ein Treffen bittet, und ein Rendezvous im Schloßpark von Sanssouci auch umgehend erhält, ist seine Stoßrichtung unklar. Er sucht erstens eine angemessene Anstellung, ohne zu wissen welche, und soll zweitens dem König etwas schmackhaft machen, was dieser ablehnt. In dem vom siebenjährigen Krieg erschöpften und verbitterten ersten Diener seines Staates und dem alerten venezianischen Lebenskünstler treffen auch zwei gegensätzliche Lebensprinzipien aufeinander, nämlich Pflichtversessenheit und Hedonismus.

»Ich ging hinaus, und kurze Zeit später erblickte ich ihn, gefolgt von seinem Vorleser Catt und einem hübschen Spaniel. Kaum hatte er mich bemerkt, kam er auf mich zu, lüftete mit spöttischer Miene seinen alten Hut, sprach mich mit meinem Namen an und fragte mich in abweisendem Ton, was ich von ihm wolle. Überrascht durch diesen Empfang stockte ich, blickte ihn an und wußte keine Antwort. ›Sprechen Sie doch! Haben Sie mir nicht geschrieben?‹ ›Ja, Majestät; aber ich besinne mich nicht

Chodowiecki, »Portrait von Friedrich dem Großen«
(Radierung von 1768)

mehr darauf. Ich habe geglaubt, der Glanz eines Königs würde mich nicht verwirren. Das soll mir kein zweites Mal zustoßen‹.« Wir haben Casanova selten um Worte ringen sehen. Die offensichtlichen Kommunikationsprobleme mit Friedrich haben ihre Ursache in dessen Direktheit. Casanova ist ein Meister der vagen Andeutung und der blumigen Phrase, die an die Phantasie des Gegenübers appellieren und ihn erst einmal Zeit gewinnen lassen. Auf eine direkte Frage, die eine direkte Antwort erfordern würde, ist er offenbar nicht vorbereitet. Vom weiteren Verlauf des Gesprächs fühlt er sich dann überrollt, denn Friedrich hatte die Angewohnheit, die nächste Frage schon zu stellen, bevor die vorhergehende beantwortet war. So drückt man auch heute noch Mißachtung und Desinteresse seinem Gesprächspartner gegenüber aus. »Das war mein erstes Gespräch mit einem König. Angesichts seiner Art, sich zu geben, seiner Herausforderungen, seiner plötzlichen Gedankensprünge, glaubte ich mich zu einer Stegreifszene in einer italienischen Komödie herausgefordert, bei der das Parkett den Schauspieler auspfeift, der ins Stocken gerät.« Einzig beim Thema Lotterie, die Friedrich ablehnt, bewegt sich Casanova auf sicherem Terrain. »›Vielleicht denke ich wie Sie, was die moralische Rechtfertigung anlangt, aber Ihr genuesisches Lotto gefällt mir nicht. Ich betrachte es als Gaunerei und will nichts damit zu tun haben, selbst wenn ich die mathematische Gewißheit hätte, daß ich dabei nie verlieren kann‹. ›Eure Majestät urteilen als Weiser, denn ohne ein trügerisches Vertrauen würde das unwissende Volk nicht spielen‹.« Damit ist er natürlich auch den Job bei Calzabigi los.

Witz und Schlagfertigkeit gewinnt Casanova erst gegen Ende der Begegnung zurück. »Er trat in ein Peristyl mit doppelter Säulenreihe, blieb vor mir stehen, musterte mich vom Kopf bis zu den Füßen und von den Füßen bis zum Kopf und sagte dann nach kurzem Nachdenken: ›Sie sind ein sehr schöner Mann.‹ ›Ist es möglich, daß Eure Majestät nach einem langen, rein sachlichen Vortrag an mir nur die geringste der Qualitäten entdecken, durch die sich Ihre Grenadiere auszeichnen?‹« Dieser Satz enthält neben Casanovas Selbsteinschätzung als »Homme des lettres« auch eine Anspielung auf Friedrichs Homosexualität, die damals offenbar kein Geheimnis war. »In Potsdam sahen wir den König bei der Parade; er kommandierte sein erstes Bataillon, dessen Soldaten alle in den Uhrtäschchen ihrer Hosen eine goldene Uhr hatten. So belohnte der König den Mut, den sie bewiesen hatten, als sie ihn unters Joch nahmen, wie einst Cäsar in Bithynien den Nikomedes. Man machte gar kein Hehl daraus.«

Angenehmer als mit Majestäten verkehrt man natürlich mit Tänzerinnen und Gastwirtinnen und so fand Casanova auch im unwirtlichen Berlin jene italienisch-französische Gegenwelt, in der er sich überall vorzugsweise bewegt und wohlgefühlt hat. Er beginnt ein Verhältnis mit der Tänzerin Denis, die er aus Kindertagen in Venedig kennt, und findet eine Tischgesellschaft nach seinem Geschmack im Gasthof der Madame Rufin, einer tüchtigen französischen Geschäftsfrau, die Mann und Sohn in die Küche verbannt hat und sich selbst um die Gäste kümmert. In dieser gastlichen Atmosphäre von Klatsch und Tratsch verbringt er gern seine Abende. »Man speiste bei ihr an der gemeinsamen Tafel; wer in seinem Zimmer essen wollte, zahlte das Doppelte.« Hier lernt er zu seinem großen Vergnügen auch den Koch Friedrichs des Großen kennen: »Ein sehr heiterer Tischgenosse nannte sich Noël; er war der einzige und hochgeschätzte Koch des Königs von Preußen.« Eine solche mit Majestäten und Berühmtheiten intim bekannte Person, ist allemal unterhaltsamer als Majestäten und Berühmtheiten selbst.

»Ohne die Kochkunst Noëls wäre der berühmte Atheist und Arzt La Mettrie nicht an einer Verdauungsstörung gestorben, die er sich zuzog, als er bei Graf Tyrconnel eine von Noël zubereitete hervorragende Pastete aß, die ihn das Leben kostete. La Mettrie speiste abends zu seinen Lebzeiten häufig bei der Rufin, und es tat mir sehr leid, daß ich ihn nicht hatte kennenlernen können. Er war hochgelehrt und übertrieben heiter. Er starb lachend, obgleich es angeblich keinen schmerzhafteren Tod gibt als den durch eine Verdauungsstörung. Voltaire sagte mir, seiner

Meinung nach habe niemand den Atheismus entschlossener und begründeter vertreten als La Mettrie, und ich überzeugte mich davon, als ich seine Werke las.« Es ist auch diese seltene Mischung aus Küchenklatsch und Werkbetrachtung, die Casanovas Geschichte lesenswert macht.

Im übrigen scheinen Verdauungsstörungen im 18. Jahrhundert ein weit verbreitetes Problem der Oberschichten gewesen zu sein. »Helas! Les indigestions sont pour la bonne compagnie« (Ach! Die Verdauungsstörungen sind der besseren Gesellschaft vorbehalten), spottete der italienische Dichter Algarotti, der einst wie Voltaire zur Zierde der Tafel des Philosophenkönigs gedient hatte. Voltaire selbst »purgierte« sich regelmäßig, und Friedrich soll einmal einen Wutanfall über eine Apothekenrechnung für Seifenklistiere während der Reise eines französischen Gastes erlitten haben. Dieser wäre einmal fast gestorben, als er ein neuartiges Abführmittel probierte, das im Schlucken von Eisenspänen bestand. Die Trägheit der vornehmen Verdauung ist sicher die Folge einer sehr fleischreichen und ballaststoffarmen Ernährung, kombiniert mit beträchtlichem Bewegungsmangel. Selbst für die kleinsten Verrichtungen hatte man Personal, und Sport trieb man damals nicht.

Auch wenn die folgende Pastete sicherlich dazu einlädt, zuviel davon zu essen, ist es unwahrscheinlich, daß man daran stirbt.

Pâté ›La Mettrie‹

Pastete mit Kalbsmilch und Artischocken

Für die Füllung:
1 Kalbszunge (oder ca. 500 g Kalbfleisch)
1 Kalbsbries
200 g Geflügel- oder Kalbsleber
150 g Champignons
1 Päckchen getrocknete Morcheln
$^1/_2$ Bund Petersilie
1 Glas herber Weißwein
6 Artischockenböden
2 Zwiebeln
1 Möhre
1 Knoblauchzehe
2 Lorbeerblätter
1 gehäufter Eßlöffel Mehl
Butter
Salz
Pfeffer
Muskat

Für die Hülle:
675 g vorbereiteter Blätterteig (oder 1 $^1/_2$ Pakete tiefgefroren)
2 Eigelb

Als Form eine viereckige Auflaufform 30 x 20 cm.

Die Kalbszunge gut wässern und reinigen, am besten mit einer Bürste. 1 l Wasser mit Salz, 1 Zwiebel, 1 Möhre, 1 Knoblauchzehe und 2 Lorbeerblättern zum Kochen bringen. Die Zunge hineingeben und weiterkochen. Das Kalbsbries wässern und säubern. Wenn die Zunge (Gesamtkochzeit 1 $^1/_2$ bis 2 Stunden) 1 Stunde kocht, das Kalbsbries zur Zunge in die Brühe geben und garkochen. Die Morcheln gut waschen, mit kochendem Wasser übergießen und ca. 30 Minuten stehen lassen. Danach das Wasser abgießen und die Morcheln fein schneiden.

Inzwischen die Leber säubern, trockentupfen, in etwas Mehl wälzen, in etwas Butter zart anbraten und leicht salzen. Abkühlen lassen und in Würfel schneiden. Die Champignons putzen, waschen und vierteln. 1 Zwiebel fein würfeln, glasig braten, die Champignons und Morcheln zugeben und alles durchbraten. Salzen und etwas Wein zugießen. Anschließend erkalten lassen. Artischockenböden würfeln. Wenn Zunge und Bries gar sind, aus der Brühe nehmen und abkühlen lassen. Die Zunge wird noch warm abgezogen und in Würfel geschnitten. Auch das Bries würfeln und dabei Häute und Sehnen entfernen. Brühe durchsieben.

Nun in einer Schüssel Zungen-, Bries-, und Leberstücke, Champignons, Morcheln und Artischockenböden mit der gehackten Petersilie mischen, pfeffern und abschmecken.

1 Eßlöffel Butter in einem Kessel schmelzen, 1 Eßlöffel Mehl dazugeben und anschwitzen, dann mit $^1/_2$ l der Brühe aufgießen und durchkochen lassen. Mit Pfeffer, Salz, Muskat und Wein abschmecken, ca. $^2/_3$ der Sauce zu den Fleisch- und Pilzwürfeln geben und mischen. Die Auflaufform mit Butter ausstreichen und mit den Blätterteigscheiben auslegen. $^1/_3$ des Blätterteiges oder 3–4 Scheiben für den Deckel der Pastete zurücklegen. Fleisch-Pilz-Mischung einfüllen. Mit den restlichen Teigscheiben bedecken und an den Rändern andrücken. In der Mitte des Deckels ein Loch von 2 cm Durchmesser ausschneiden. Sollte etwas Blätterteig übrig sein, kann man ihn zum Verzieren des Pastetendeckels verwenden. Eigelbe verquirlen und die Pastete damit einstreichen.

Im vorgeheizten Backofen bei 200 Grad 30–40 Minuten backen.

Die restliche Sauce erhitzen. Wenn die Pastete fertig gebacken ist, von der heißen Sauce etwas in die Öffnung der Pastete gießen, den Rest Sauce separat zur Pastete reichen.

Zubereitungszeit: ca. 4–5 Stunden
Als Hauptgericht für 6–8 Personen

Von Friedrich erhält Casanova dann doch noch eine Anstellung angeboten, die er allerdings weit unter seiner Würde findet. Er soll Erzieher in einer Kadettenanstalt für pommersche Junker werden. Bei der Besichtigung der Örtlichkeiten kommt es zu folgender Szene: »Ich trug das funkelnde Kreuz meines Ordens am Halsband und einen eleganten Taftrock. Aber mir verschlug es die Sprache, als ich sah, wie der große Friedrich in einem Anfall von Zorn einen Nachttopf beanstandete, der neben dem Bett eines Kadetten stand und dem Neugierigen den Anblick eines übelriechenden Bodensatzes bot.« Casanova lehnt dankend ab und begibt sich auf den Weg nach St. Petersburg.

15. Kapitel

Reise nach St. Petersburg. Casanova kauft sich eine Sklavin. Russische Trinksitten. Gespräch mit der Zarin über eine Kalenderreform in Rußland.

Von Berlin reist Casanova über Riga und Mitau nach St. Petersburg, in der Hoffnung, dort ein akzeptables Stellungsangebot zu erhalten. Seit drei Jahren herrschte hier Katharina II., später die Große genannt. Die ehemals deutsche Prinzessin von Anhalt-Zerbst hatte, wie ganz Europa wußte, 1762 ihren schwachsinnigen und trunksüchtigen Gatten in einer Verschwörung beseitigen lassen und danach selbst die Herrschaft angetreten. Trotz oder teilweise auch wegen dieser beherzten Tat genoß sie in aufgeklärten Kreisen höchstes Ansehen, da sie versuchte, das riesige Russische Reich durch Reformen zu modernisieren. Nachdem Friedrich II. schon sehr bald nach seiner Thronbesteigung 1740 vom Musenprinzen zum Dauerkriegsherrn mutiert und deutlich geworden war, daß er sich französische Philosophen hielt wie andere Herrscher Hofnarren, war die weit bodenständigere und umgänglichere Katharina zur neuen Hoffnung der europäischen Intellektuellen geworden.

Dank guter Empfehlungsbriefe aus Berlin findet Casanova bald den Zugang zur besseren Gesellschaft von St. Petersburg, ohne jedoch zur Kaiserin vorzudringen. Zwischenzeitlich scheint er die ursprüngliche Absicht aber wieder einmal vergessen und sich mehr seiner Neigung zum weiblichen Geschlecht gewidmet zu haben. Gleich zu Beginn seines Aufenthaltes trifft er die Baret wieder, eine Strumpfhändlerin, mit der er in besseren Zeiten in Paris, in seinem Landhaus »Petite Pologne«, eine kurze Liaison gehabt hatte. Sie vertraut sich Casanova an, denn sie möchte aus St. Petersburg fort. Da ihr vorletzter Geliebter Impresario der komischen Oper war, ist sie Schauspielerin geworden, doch kann sie weder singen noch tanzen und wird zur Zeit von einem polnischen Grafen ausgehalten, der aber nach Polen zurückkehren muß. Nach einer kurzen Wiederaufnahme der Beziehungen ist es vermutlich Casanovas schmales Budget, das die Baret, die sich nun Langlade nennt, veranlaßt, einen russischen Grafen zu erhören. Ähnlich ergeht es ihm mit der Proté, einer schönen französichen Kaufmannsfrau. Sie ist die Geliebte des Hofjägermeisters Naryschkin und die erste Schönheit St. Petersburgs. »Da ich nicht mehr reich war, strengte ich meinen Geist an, um mich mit ihr gut zu stellen.« Offenbar mit so geringem Erfolg, daß er sich nicht die Mühe macht, die widrigen Umstände zu erläutern, die ihn vom »großen Ziel« abhalten. Auf Anraten eines befreundeten russischen Offiziers, der auch die Vermittlung übernimmt, kauft er nun ein unschuldiges dreizehnjähriges Bauernmädchen. Die folgende Unterhaltung zwischen Casanova und dem Offizier Zinowioff ist aufschlußreich nicht nur für die damaligen Zustände in Rußland: »›Inwiefern ist nichts zu machen? Wenn ich nun bereit wäre, die hundert Rubel auszugeben?‹ ›Dann würde sie Ihre Dienerin, und es stünde Ihnen frei, mit ihr zu schlafen.‹ ›Und wenn sie sich weigert?‹ ›Oh, das kommt nie vor. Sie dürfen sie auch verprügeln.‹ ›Nehmen Sie einmal an, daß sie zufrieden wäre. Nun frage ich Sie, ob ich sie auch weiter bei mir behalten kann, wenn ich mich an ihr erfreut und sie nach meinem Geschmack gefunden habe.‹ ›Sie werden ihr Herr und können sie sogar verhaften lassen, wenn sie davonläuft, außer sie gibt Ihnen die hundert Rubel wieder, die Sie für ihren Besitz ausgelegt haben.‹ ›Und wenn ich sie bei mir behalte, wieviel muß ich ihr im Monat geben?‹ ›Nicht einen Groschen, nur Essen und Trinken, und am Samstag ein Bad, damit sie am Sonntag in die Kirche gehen kann.‹ ›Und wenn ich von St. Petersburg abreise, kann ich sie dann zwingen, mit mir zu kommen?‹ ›Nein, außer Sie erhalten die Erlaubnis und stellen Kaution. Das

Mädchen wird zwar ihre Sklavin, doch bleibt sie in erster Linie Untertanin der Zarin.‹ ›Ausgezeichnet. Erledigen Sie das für mich. Ich werde die hundert Rubel bezahlen und sie mit mir nehmen, und ich versichere Ihnen, daß ich sie nicht wie eine Sklavin behandeln werde; aber ich verlasse mich auf Sie, denn ich möchte nicht betrogen werden.‹«

Hier wird wieder einmal der Traum von der Erschaffung der Geliebten wahr. Das Mädchen behält noch nicht einmal seinen Namen, den wir gar nicht erst erfahren. Casanova nennt sie, nach einem Theaterstück von Voltaire, Zaira. Er kleidet sie bescheiden ein und bringt ihr etwas Italienisch bei. Immerhin kann er sie nach drei Monaten sogar der besseren Gesellschaft vorstellen. Die Sache behält jedoch – auch wenn Casanova versichert, er habe sie gut behandelt – einen ziemlich üblen Beigeschmack, denn das Mädchen ist rechtlich gesehen tatsächlich seine Sklavin. Es zeigt dann auch das Ungleichgewicht in der Beziehung, wenn er sich einerseits über ihre Eifersucht beklagt – sie hat ja tatsächlich nur ihn – andererseits aber argumentiert, sie sei nun so schön geworden, daß er sie nicht alleine in St. Petersburg lassen könne. So begleitet sie ihn auch auf einer Reise nach Moskau. Die Gefühlsebene bleibt allerdings, zumindest bei Casanova, von dem Abhängigkeitsverhältnis völlig unberührt. Später bemerkt er: »Meine Marotte war, geliebt zu werden, und nach Zaira hatte ich nicht mehr in den Armen der Liebe gelegen; denn mit der Schauspielerin Valville war ich nur durch eine flüchtige Zuneigung verbunden, und bei der Abenteurerin Potocka in Lemberg hatte ich nur dank meines Geldes gewildert.«

Man spürt häufig Casanovas Erstaunen über die fremden russischen Sitten. Wenn auch ein erster heftiger Europäisierungsschub schon unter Peter dem Großen erfolgt war, der ja auch 1712 die Hauptstadt von Moskau nach St. Petersburg verlegt hatte, war man hier doch weit entfernt von der französischen Kultiviertheit.

»Der General der Artillerie Melissino lud mich zu einer Parade drei Werst außerhalb von St. Petersburg ein, bei der der kommandierende General Alexis Orlow die vornehmsten Eingeladenen an einem Tisch mit vierundzwanzig Gedecken bewirten sollte. Es gab dort Schießübungen mit einer Kanone zu sehen, die zwanzig Schuß in der Minute abfeuern sollte. Ich fuhr mit dem Prinzen von Kurland hin, und zu meinem Erstaunen verhielt sich die Sache tatsächlich so. …

An der großen Tafel saß ich neben dem Sekretär der französischen Gesandtschaft, der es den Russen im Trinken gleichtun wollte und glaubte, daß der ungarische Wein dem spritzigen Champagner gleiche; er trank soviel, daß er sich beim Aufstehen nicht mehr auf den Beinen halten konnte. Graf Orlow schaffte Abhilfe, indem er ihm weiter zu trinken gab, bis er sich erbrach und man ihn besinnungslos forttrug.« Casanova war selbst sicherlich von den gezierten französischen Umgangsformen seiner Zeit geprägt, doch imponieren ihm die Russen in ihrer tartarischen Wildheit. »Der Geist der Russen ist kraftvoll und drastisch. Sie kümmern sich weder um Feinheiten noch um Schliff; sie gehen unvermittelt aufs Ganze.«

Eine Gelegenheit, die Zarin zu treffen, ergibt sich erst gegen Ende seines neunmonatigen Aufenthaltes. Allerdings scheint Casanova vorher schon verschiedene Versuche unternommen zu haben, um auf sich aufmerksam zu machen. »Ich verfaßte Schriften über verschiedene Probleme, da ich eine Verwendung im Staatsdienst anstrebte, und reichte meine Entwürfe ein, die der Zarin vorgelegt wurden; aber meine Mühen waren vergeblich. In Rußland zählen nur Leute, die man ausdrücklich aufgefordert hat zu kommen. Wer aus eigener Initiative dort erscheint, wird nicht geschätzt. Vielleicht hat man recht.« Casanova scheint aus dem Fiasko mit Friedrich gelernt zu haben, denn man hat den Eindruck, daß er der Zarin sehr gut vorbereitet entgegentritt. Bei einem ersten wie zufällig im Park zustandegekommenen Treffen, das der Minister Panin arrangiert hat, unterhält man sich zunächst über allgemeine Themen wie Casanovas Eindrücke von Rußland wie auch von Friedrich II. Bei einer zweiten Begegnung macht Casanova der Zarin direkt einen Vorschlag: Ob sie nicht in ihrem Reich eine Kalenderreform durchführen wolle. Ganz Europa hatte nämlich zu diesem Zeitpunkt den Julianischen Kalender durch den Gregorianischen Kalender ersetzt, womit Rußland als einziges Land den andern um elf Tage im Datum voraus war. Das Thema ist von Casanova nicht schlecht gewählt, denn Katharina strebte ja auch sonst in vielerlei Hinsicht danach, ihr riesiges Reich den europäischen Verhältnissen anzugleichen, wobei sie sich gern von Ausländern beraten ließ. So kommt es später noch zu einem dritten Treffen, denn Katharina hat sich offenkundig in der Zwischenzeit selbst sachkundig gemacht oder aber beraten lassen. Mit dem einleuchtenden Argument, ihre weniger aufgeklärten Untertanen würden sich für diese Zeitspanne nicht nur ihrer Geburts- und Namenstage, sondern auch ihrer Lebenszeit beraubt sehen, lehnt sie jedoch eine Reform ab. Zwei in den frühen siebziger Jahren verfaßte Schriften zeigen, wie nachhaltig das Problem Casanova interessiert hat. In der einen legt er der Zarin noch einmal die Kalenderreform ans Herz, die zweite ist eine kluge und differenzierte Huldigung an die verehrte Herrscherin.

Mit Katharinas Ablehnung seines Vorschlages verliert Casanova jede Hoffnung auf eine Verwendung in russischen Diensten und bereitet seine Abreise vor. Er hat mittlerweile die dritte Schauspielerin kennengelernt, die nicht schauspielern kann, denn diese Spezies scheint in St. Petersburg besonders häufig zu sein, und mit ihr ein sehr sachliches Verhältnis aufgenommen. Mit ihr macht er sich auf die Reise. Die dreizehnjährige Zaira vermacht er äußerst großmütig – die hundert Rubel gehen zurück an ihre Familie – einem siebzigjährigen italienischen Architekten, der das Mädchen nun erneut den Eltern abkauft.

Casanovas Informationen über die russische Küche sind in diesem Kapitel der Lebensgeschichte sehr kärglich. »Das Essen fand ich überreichlich und ohne besonderen Geschmack. Ihr Tisch ist für ihre Freunde stets gedeckt; ein Freund bringt zu einem Essen ohne Umstände fünf oder sechs Personen mit und kommt manchmal erst gegen Ende der Mahlzeit… Der Koch

»Katharina die Große«, unbekannter Künstler des 18. Jahrhunderts

muß eben darauf gefaßt sein, und das Mahl beginnt von neuem; der Herr oder die Herrin bewirten die Gäste.«

Das Rezept für die folgende Suppe stammt von Francesco Leonardi, dem berühmtesten italienischen Koch seit der Renaissance. Ihm verdanken wir auch die Erfindung der »Pasta con pomodoro«, die uns bis zur Italienwelle der 80er Jahre als italienisches Nationalgericht galt. Dieser Zeitgenosse Casanovas, der ebenfalls ein bewegtes Leben führte, war zeitweise in den Diensten des uns schon bekannten Kardinal de Bernis, bevor er Haushofmeister Katharinas in St. Petersburg wurde.

Zuppa ortica alla russa

Russische Brennesselsuppe nach Leonardi

500 g Brennesselspitzen
1 Zwiebel
30 g Butter
20 g Mehl
1 l Hühnerbouillon
Salz
Pfeffer
Muskat

Zum Binden:
100 g Crème double
3 Eigelbe

Als Einlage: 4 gefüllte ausgebackene Eier und etwas gekochte Hühnerbrust

4 hartgekochte Eier
30 g frisch geriebener Parmesan
Salz
Pfeffer
Muskat
ein Hauch Zimt
1 kleines rohes Ei und ein roher Eidotter zusammen verklopft
etwas Hühnerbrust gekocht und gewürfelt

Zum Panieren:
50 g Mehl, mit etwas Salz und Pfeffer gewürzt
1 großes rohes Ei, mit 1 Teelöffel Öl und 1 Prise Salz verklopft
60 g Paniermehl

Sonnenblumenöl zum Ausbacken

Vorbereitung der Suppe:
Die Brennesseln gut waschen und kurz in kochendem Wasser blanchieren, gut abtropfen lassen und grob hacken. Zwiebeln würfeln und in der Butter glasig dünsten. Die Brennesseln zufügen und 5 Minuten mitdünsten. Das Mehl mit etwas Hühnerbrühe anrühren und die restliche Brühe zu den Brennesseln geben. Ca. 15 Minuten leise köcheln lassen, dann das angerührte Mehl in die Suppe einrühren. Die Suppe aufkochen und noch 5 Minuten ziehen lassen und würzen. Sie kann gut vorher zubereitet und kühl aufbewahrt werden.

Vorbereitung der Einlage:
Die hartgekochten Eier längs durchschneiden, Dotter herausnehmen und in eine Schüssel geben. Mit einer Gabel fein zerkneten und dabei Gewürze und Parmesan untermischen. Die rohe Eimasse zufügen, gut durchrühren und die Füllmasse abschmecken. Die Eihälften reichlich füllen. Die gefüllten Eier erst in gewürztem Mehl, dann in der Eimischung und zuletzt in Paniermehl wenden, dann die Eier 15 Minuten ruhen lassen. In einem kleinen, aber hohen Kessel Öl erhitzen und jeweils einige Eier zusammen schwimmend goldbraun braten. Auf Papier gut abtropfen lassen.

Nun die Brennesselsuppe wieder erhitzen. Die Crème double und die rohen Eigelbe in einer Schüssel verschlagen und mit etwas heißer Suppe verrühren. Die Mischung in die Suppe gießen, umrühren und die Suppe weiter vorsichtig erhitzen, bis sie etwas eingedickt ist, und abschmecken. Man darf sie aber keinesfalls kochen lassen, weil sie sonst gerinnt.

Die Suppe in eine vorgewärmte Terrine oder Suppentassen gießen. Eier und Hühnerfleisch zufügen und sofort servieren.

Zubereitungszeit: ca. 1 1/2–2 Stunden
Hauptgericht für 4 Personen, Vorspeise für 8

16. Kapitel

Reise nach Warschau. Zerwürfnis im Theater. Über Ehre und Satisfaktionsfähigkeit. Duell mit dem Grafen Branicki. »Man bringe dem Herrn eine Schokolade«.

Wie schon in St. Petersburg wird Casanova auch in Warschau gut aufgenommen und verkehrt in den ersten Adelskreisen. Beim Prinzen Adam Czartoryski lernt er sogar den König Stanislaus II. August kennen. Dieser Günstling Katharinas II. war soeben erst auf den polnischen Thron erhoben worden, um hier russische Machtinteressen zu sichern. Casanova unterhält sich länger mit dem König, für den er im folgenden auch einige nicht näher definierte Aufträge erledigt. Wie schon in St. Petersburg hofft er auch hier auf eine dauerhafte Anstellung und paßt dem seinen Lebenswandel an. »Ich führte ein musterhaftes Leben ohne Liebschaften und ohne Spiel; ich arbeitete für den König, in der Hoffnung, sein Sekretär zu werden; ich machte der Woiwodna, die meine Gesellschaft schätzte, den Hof und spielte mit dem Woiwoden ›Tresetti‹ gegen zwei andere, die der Zufall gerade an den Tisch brachte.« Es scheint allerdings, daß dieser für Casanova ungewöhnlich vernünftige Lebenswandel auch in einer chronischen Knappheit seiner Mittel begründet ist, wie er selbst an anderer Stelle bemerkt. »Da ich nicht genügend Geld hatte, um mich mit den Spielern einzulassen, noch um mit irgendeiner französischen oder italienischen Schauspielerin zärtliche Bande anzuknüpfen, fand ich Geschmack an der Bibliothek des Bischofs von Kiowien, Monsignore Zaluski, und besonders an ihm selbst.« Er erhält zwar immer noch fünfzig Zechinen monatlich von Bragadin, doch genügt dieses Geld nicht. »Wagen,

Wohnung, zwei Diener und die Notwendigkeit, stets gut angezogen zu sein, brachten mich in eine bedrängte Lage; doch wollte ich mich an niemanden wenden, und das mit Recht.« Tatsächlich scheint er in seiner Warschauer Zeit kein Liebesabenteuer gehabt zu haben. Dafür erlebt er hier etwas viel Wichtigeres, nämlich ein Duell mit einem polnischen Grafen. Die Episode war für ihn so bedeutend, daß er sie schon 1780 in Venedig erstmals veröffentlicht hat. Diese Schilderung ›*Il Duello*‹ ist noch in der dritten Person erzählt, sicher aber als wichtige Vorstufe zum großen Projekt der Lebenserinnerungen zu betrachten. Ich werde mich im folgenden auch auf diese Erzählung beziehen, denn sie ist von größerer soziologischer Schärfe als die später verfaßten Erinnerungen.

Es beginnt alles mit einer Intrige, wie man sie sich banaler kaum denken kann. Wieder einmal handelt es sich um eine Tänzerin, die nicht tanzen kann, die Catai, die aber in Hofkreisen große Verehrung genießt. Als nun die Tänzerin Binetti, eine alte Freundin Casanovas und Venezianerin, nach Warschau kommt, fordert sie von ihrem Freund Loyalität. Nicht ganz zu Unrecht übrigens, denn im Gegensatz zu ihrer Rivalin beherrscht sie ihre Kunst. Casanova sieht sich aber aus Karrieregründen genötigt, weiterhin die Catai mit seinem Beifall zu bedenken. Die Binetti ist hierüber so verärgert, daß sie ihren Liebhaber, den Podstoli der Krone, Graf Branicki, auf Casanova ansetzt. In Casanovas Beschreibung spielt eine leise Ironie mit. »Dieser Herr, der heute General ist, stand damals in der Blüte seiner Jahre, ein schöner Mann, der, von Jugend an dem Kriegshandwerk zugetan, sechs Jahre in Frankreich gedient hatte. Dort hatte er gelernt, das Blut seiner Feinde zu vergießen, ohne sie zu hassen, Rache zu üben ohne Zorn, zu töten, ohne unhöflich zu sein, und die Ehre, ein imaginäres Gut, dem Leben, das der einzig wirkliche Besitz des Menschen ist, vorzuziehen. Das ritterliche Amt eines Groß-Podstoli der Krone – das Wort bedeutet Kammerherr – hatte er von König August III. erhalten; er war dekoriert mit dem vornehmen Orden des weißen Adlers.«

Man spürt die Ambivalenz Casanovas gegenüber der höfischen Gesellschaft. Einerseits möchte er gern dazugehören, andererseits hat er die Hohlheit und die Brüchigkeit ihrer Rituale längst durchschaut.

In der Garderobe einer dritten Tänzerin kommt es nun zu einem vom Grafen provozierten Streit. Casanova faßt zusammen: »Diese Worte ... sind nichts anderes als der vulgäre Ausdruck, den ein arroganter, hochgestellter und unhöflicher Mann gebraucht, wenn er einem gemeinen Mann *verschwinde!* sagen und damit nicht nur äußerste Verachtung, sondern zugleich die Drohung zum Ausdruck bringen will, er werde ihm Beine machen, wenn er nicht sofort das Feld räume.« Am nächsten Tag fordert Casanova seinen Beleidiger zum Duell. Branicki nimmt die Forderung an, allerdings zu seinen Bedingungen. Eigentlich hätte die Wahl von Ort, Zeit und Waffen Casanova als dem Beleidigten zugestanden, doch hielt er sich offenbar für so sehr geehrt, daß er auf diese Rechte verzichtete. »Zufrieden mit der günstigen Wendung der Sache« beeilt er sich, dem Podstoli alles recht zu machen. Die große Freude, die Casanova bei dem Gedanken verspürt, möglicherweise erschossen zu werden, ist erklärungsbedürftig. Sie läßt sich nur aus den Gepflogenheiten der höfischen Gesellschaft und Casanovas sozialer Situation heraus verstehen.

Es waren nämlich in den alten europäischen Monarchien nur die Angehörigen bestimmter Stände satisfaktionsfähig. Nur ihnen wurde eine Ehre zuerkannt, die verletzt werden konnte und die dann durch ein Duell wiederhergestellt werden mußte. So ist die Tatsache, daß der polnische Graf auf seine Herausforderung eingeht, für Casanova so etwas wie eine Erhebung in den Adelsstand. Es hätte ihm ja auch wie Voltaire ergehen können, den der Chevalier de Rohan von seinen Lakaien verprügeln ließ. Der Dichter hatte in einem Streit, den der Chevalier provoziert hatte, gewagt, den Degen zu ziehen. Diese Geste kommt der Aufforderung zum Duell gleich und mußte von einem standesbewußten Adeligen tatsächlich als Provokation empfunden werden. Übrigens hatte dieser Streit ebenfalls in der Loge einer Schauspielerin stattgefunden.

Da der Podstoli darauf besteht, daß man sich noch am gleichen Tag duellieren müsse, bleibt Casanova gerade noch die Zeit, seine Papiere zu ordnen, um anschließend im Kreise seiner Freunde zu speisen. »Ich bestellte ein schmackhaftes Mittagessen und ließ vom Hof ausgezeichneten Burgunderwein holen; Campioni speiste mit mir. Die beiden jungen Grafen Mniszek kamen mit ihrem Erzieher, dem Schweizer Bertrand, zu einem Besuch zu mir, während ich bei Tisch saß, und waren Zeugen meines guten Appetits und meiner erstaunlichen Aufgeräumtheit.« Es ist ganz deutlich, daß dieses Essen unter Zeugen für Casanova eine besondere Wichtigkeit hat, und eine Inszenierung seiner Furchtlosigkeit wie seiner noblen Lebensart ist. Im ›*Duello*‹ läßt er sich sogar zu einem Exkurs über die Segnungen der französischen Küche hinreißen. »Die französische Küche, die sich zu Recht allgemeiner Beliebtheit erfreut, bringt bei den Kennern weder Schläfrigkeit zur falschen Zeit, noch Verdauungsstörungen, noch Reue hervor, wenn man mit gutem Appetit ihren Köstlichkeiten zugesprochen hat. Es gibt niemanden, weder Mann noch Frau, der nicht nach einer delikaten Mahlzeit schöner, gesprächiger, lebhafter, höflicher urteilskräftiger und sich selbst gegenwärtiger wäre, reich an schönen Gedanken und verwegenen Einfällen, die geeignet sind, ehrbare und nicht unstatthafte Vergnügungen hervorzubringen, während die arme Menschheit sonst, sich selbst überlassen, eine unerschöpfliche Quelle von Elend, Langeweile und quälenden Zwistigkeiten ist. Wie also gutes Essen einen gesunden Körper zur Folge hat, so zweifellos auch die Ruhe und Gelassenheit des Geistes, dessen Antrieb ausschließlich aus körperlichen Wahrnehmungen herrührt.«

Es gibt einen Hinweis darauf, daß der Podstoli Casanova tätsächlich für einen Adeligen oder Offizier und damit für satisfaktionsfähig gehalten hat. In der Kutsche des Grafen, in der sie zum Garten des Grafen Brühl fahren, wo das Duell stattfinden soll, führen sie folgendes Gespräch: »›Ich denke, daß sie ein Edelmann sind oder daß sie im Kriege gedient haben ...‹ – Der Venezianer unterbrach ihn und sagte, er habe sich noch nie so vornehm gedünkt wie an diesem Tage; ›Warum aber‹, fragte er, indem er den Podstoli ansah, ›fragen Sie mich das?‹ – ›Ich weiß nicht‹, versetzte der andere lebhaft und lächelte; ›etwas anderes ist mir nicht eingefallen; bitte lassen Sie uns nicht mehr darüber reden‹.«

Bei dem nun folgenden Duell verletzt Casanova, im Pistolenschießen völlig ungeübt, den Grafen schwer und kommt selbst mit einer leichten Verletzung an der Hand davon. Da es zunächst so aussieht, als sei der Podstoli dem Tode geweiht, muß er seine Begleiter davon abhalten, Casanova auf der Stelle zu töten. Dieser flüchtet sich zunächst in ein Kloster, das schließlich vom Großmarschall der Krone unter Schutz gestellt wird, da man um die Sicherheit des Ausländers fürchtet. Schließlich wird er ebenso wie Branicki vom König selbst begnadigt, denn auf Duelle stand in Polen eigentlich die Todesstrafe.

Stolz und Wohlbehagen darüber, daß nun die besten Familien Polens ihn am Krankenbett besuchen, um die Geschichte des Duells zu hören, sind überdeutlich. Vor allem natürlich die Gegner Branickis sind unter den Besuchern, denn damals hatten jene Entwicklungen, die später zur ersten Teilung Polens führten, gerade begonnen. Die polnische Politik wurde weit weniger von dem schwachen König als von mächtigen Adelsfamilien dominiert, deren Zwistigkeiten die staatskluge Katharina geschickt schürte, bevor sie zehn Jahre später als Vorwand für die Teilung dienten. Zehn Jahre später hat Casanova diese Vorgänge in einem großen historischen Werk detailliert beschrieben.

Genußvoll erzählt uns Casanova zahlreiche Einzelheiten, die hier besonders dazu dienen, sowohl seine persönliche Tapferkeit wie auch deren Honorierung durch die gute Gesellschaft herauszustreichen. Die Kugel in seiner Hand muß von einem Chirurgen entfernt werden. »Während dieser schmerzhaften Operation erzählte ich dem Prinzen die ganze Geschichte und verheimlichte ohne Mühe, wie sehr mich der ungeschickte Wundarzt quälte, als er mit der Pinzette nach der Kugel suchte. Eine solche Macht hat die Eitelkeit über den Menschen.« Man hat irgendwie den Eindruck, als würde Casanova den größten Auftritt seines Lebens mit sämtlichen zur Verfügung stehenden Heldenmythen zu strecken versuchen, um ihn noch ein wenig zu verlängern und zu beweisen, daß nicht nur eine blaublütige Herkunft ein wahrhaft edles Verhalten garantiert. Einmal mehr hat man hier das Gefühl, daß Casanova sich nicht von innen, sondern von außen beschreibt, und zwar so, wie er von den andern gesehen werden möchte. Als eine Gruppe der besten polnischen Ärzte wegen Wundbrandgefahr seine Hand amputieren will, verweigert er den Eingriff. Dies allerdings nicht, ohne sich über die Institution des höfischen Klatsches mit dem König selbst darüber ausgestauscht zu haben. »Selbst der Woiwode von Rußland schrieb mir, der König wundere sich über meinen Mangel an Mut. Da schrieb ich an den König, ich wisse nicht, was ich mit dem Arm ohne meine Hand tun solle, und würde mir daher den Arm abnehmen lassen, wenn sich der Brand zeigen würde. Der Brief wurde vom ganzen Hof gelesen.« Auch diese Standhaftigkeit rechnet er sich nach der Genesung besonders hoch an. »Alle die mich verurteilt hatten, sahen sich nun genötigt, mein Verhalten zu loben.« Ihren Kulminationspunkt erreicht diese Anerkennung, als er, mit dem Arm in der Schlinge, seinen noch stark mitgenommenen Duellgegner besucht, um sich bei ihm zu entschuldigen. »Ich freue mich, Sie zu sehen, mein Herr«, antwortet der geschwächte Podstoli, »für die Zukunft bitte ich sie um ihre Freundschaft; ich denke ich habe mit meiner Person genügend bezahlt, um sie zu verdienen. Bitte nehmen Sie Platz. Bringt diesem Herrn eine Schokolade.«

Eine Tasse Schokolade ist also die höchste Anerkennung, die Casanova durch die europäische bessere Gesellschaft jemals wirklich erfahren hat!

Liotard, »Liebenswürdige Bedienung«
(auch bekannt als »Das Schokoladenmädchen«)

Eine Schokolade, wie sie im 18. Jahrhundert genossen wurde, können wir heute nicht mehr authentisch herstellen. Bevor der Holländer Van Houten um 1820 das Entölungsverfahren entdeckte, war es ein entschieden fetthaltigeres Getränk als heute. Diese Nahrhaftigkeit machte die Schokolade in den katholischen Ländern, aufgrund der vielen Fastentage, so beliebt. Manche Autoren haben hieraus direkt einen quasi-konfessionellen Gegensatz zwischen katholischer Schokolade und protestantischem Kaffee konstruiert. Sicher ist, daß die Schokolade, der auch potenzsteigernde Wirkungen zugeschrieben wurden, ein Symbolgetränk des Ancien régime war. Es wurde nicht wie heute in Pulverform gehandelt, sondern in fertig gewürzten Täfelchen vertrieben. Diese enthielten, je nach Hersteller verschieden, eine fertige Gewürzmischung, wobei vor allem Vanille und Zimt eine Rolle spielten. Sie wurden auch nicht in Milch, sondern in Wasser aufgelöst. Der folgende Vorschlag ist also nur der Versuch einer Annäherung.

Chocolat à la polonaise

Schokolade mit Vanille und Zimt

1/4 l Milch
2 Teelöffel Kakaopulver
1 Teelöffelspitze Zimtpulver
1 Eßlöffel selbstgemachter Vanillezucker
1 Riegel einer Tafel Zartbitterschokolade

Zucker und Sahnehäubchen nach Geschmack

Die Milch langsam erwärmen und das Kakaopulver mit einem Schneebesen einrühren. Zartbitterschokolade darin schmelzen. Vanillezucker und Zimt unterrühren. Nach Geschmack nachzuckern und mit einem Sahnehäubchen versehen.

Zubereitungszeit: 10 Minuten
Für eine Person

Casanova begeht nun aber doch noch einen entscheidenden Fehler. Er besucht in der Provinz einige dem König feindlich gesinnte Adelsfamilien. Die Gründe hierfür nennt er uns nicht. Als er wiederkommt, hat sich das Blatt gewendet. Es kursieren Klatschgeschichten über ihn, die wie jeder Klatsch halb wahr, halb falsch sind. Er verliert die Gunst des Königs und wird – wieder einmal – ausgewiesen.

17. Kapitel

Wieder in Paris. Ausweisung durch den König. Spanien. Rom. Er verführt zwei Klosterschülerinnen beim Austernessen. Exkurs: Austern, Trüffeln und Champagner in Casanovas Klaviatur der Verführung.

Nach der Ausweisung aus Polen reist Casanova – man hat den Eindruck, seine Reisen werden immer zielloser – über Dresden, Leipzig, Wien, wo er ausgewiesen wird, und anschließend über Köln, Aachen und Spa nach Paris.

Wenn er auf ein völlig verändertes Paris trifft, wo er niemanden mehr kennt und sich nicht mehr zurechtfindet, so ist das sicher ein Spiegel seiner veränderten sozialen Situation. Eine der wenigen Stellen der Lebenserinnerungen, wo er den Gegensatz zwischen Armut und Reichtum thematisiert, findet sich hier: »Alles war teurer geworden, die Armen strömten, um ihre Not zu vergessen und sich zu unterhalten, in Scharen auf die neuen Promenaden, zu denen Staatsklugheit und Geiz die alten Festungswälle der großen Stadt umgebaut hatten. Der Luxus derer, die dort im Wagen spazieren fuhren, schien nur dem Kontrast zu dienen.« Ganz deutlich fühlt man, daß er nun auf der anderen Seite steht und in der Stadt, wo er einst gesellschaftliche Triumphe feierte, selbst zu denen gehört, die die Luxuskarossen nur von außen bestaunen dürfen. Um so härter trifft ihn der Tod Bragadins, seines letzten Gönners und treuen Freundes, von dem er durch einen Brief Dandolos erfährt: »Mir fehlten die Tränen. Es war die Kunde vom Hinscheiden eines Mannes, der seit zweiundzwanzig Jahren an mir Vaterstelle vertrat, selbst mit größter Sparsamkeit lebte und sich in Schulden stürzte, um mich zu unterstützen.« Und praktisch, wie er ist, fügt er hinzu:

»Seine beiden Freunde, die zugleich die meinen waren, waren arm.«

Wenig später gerät er in Streit mit dem Neffen und Erben der Marquise d'Urfé, der öffentlich behauptet, Casanova habe ihn eine Million gekostet, um die dieser nämlich seine Tante erleichtert habe. Der von Louis XV. daraufhin verhängte Ausreisebefehl geht sicher auf die Bitte der hochadeligen Familie zurück, Casanova aus Frankreich zu entfernen. Auch hier spürt man, daß Casanova sich nun nicht mehr zur höfischen Gesellschaft zugehörig fühlt. »Man nennt mich einen aus Frankreich Verbannten; doch das ist unwahr, denn ein Mann, der das Königreich wegen einer ›lettre de cachet‹ verläßt, ist weder verbannt noch ausgewiesen; er ist nur genötigt, dem Befehl eines Monarchen zu gehorchen, der durch einen Willkürakt jemanden, der ihm lästig ist, vor die Tür seines Hauses setzt, ohne sich verpflichtet zu fühlen, einen Grund hierfür anzugeben.«

Wieder einmal ohne konkreten Plan begibt er sich nach Madrid.

Unterwegs besucht er in Angoulême noch den Vater Noëls, des Koches des großen Friedrich. Dieser hat einen Versand für Pasteten gegründet, die er bis nach Amerika verschickt: »Es waren mit Trüffeln gefüllte Rebhuhn- oder Truthahnpasteten. Sie hielten sich bis zum Sommer.« Casanova selbst verschickt einige nach Venedig, Warschau und Turin, und erhält dafür Dankesbriefe. Mir ist es allerdings nicht gelungen, etwas über die Haltbarmachung dieser Pasteten herauszufinden.

In Spanien gelingt es Casanova wieder einmal, in hohe Regierungskreise vorzudringen. Diesmal spielt er sich als Besiedelungsfachmann unwirtlicher Gegenden auf und legt ein Projekt zur Besiedelung der Sierra Morena durch arme Schweizer Bergbauern vor. Sein Einwand, diese robusten Bergbewohner seien besonders empfindlich gegen eine Krankheit, die sie Heimweh nennen würden und an der sie häufig stürben, spiegelt vermutlich die eigene seelische Befindlichkeit wider. Jedenfalls verfaßt er, als er wegen eines Verhältnisses mit der Mätresse des Grafen

Ricla, des Generalkapitäns von Barcelona, im Gefängnis landet, eine Widerlegung eines hundert Jahre alten Buches. Amelot de la Houssaye, ein französischer Diplomat, hatte in seinem Werk die Republik Venedig attackiert. »Mit dem Druck des Werkes verfolgte ich den Zweck, die Begnadigung durch die Staatsinquisitoren von Venedig zu verdienen. Nachdem ich durch ganz Europa gereist war, hatte ich ein solches Verlangen, in meine Heimat zurückzukehren, daß ich nirgendwo anders mehr leben zu können glaubte.« Sein Besiedlungsprojekt ist ohnehin mittlerweile seiner eigenen Klatschsucht zum Opfer gefallen. Er hatte sich den Zorn seines Gönners zugezogen, indem er sich über dessen niedere Herkunft wie dessen Homosexualität ausgelassen hatte.

Doch selbst wenn es ihm gelungen wäre, sich in Spanien dauerhaft zu etablieren, hätte er es im Lande der allmächtigen Inquisition sicher nicht lange ausgehalten: »... auch lernte ich den Kanonikus Pignatelli kennen, den Vorsitzenden der Inquisition, der jeden Morgen die Kupplerin ins Gefängnis werfen ließ, die ihm am Vorabend eine Hure für die Nacht verschafft hatte. Wenn er erwachte, ließ er sie einsperren, ging zur Beichte und las die Messe; dann speiste er zu Mittag, der Teufel der Fleischeslust bemächtigte sich seiner, man verschaffte ihm ein anderes Mädchen, er erfreute sich ihrer, und am nächsten Morgen begann er von neuem das gleiche Spiel wie am Vortag. Und so war es alle Tage. Stets im Kampf zwischen Gott und dem Teufel, war dieser Kanonikus nach dem Mittagessen der glücklichste und am Morgen der unglücklichste aller Männer.«

Nach seiner Abreise aus Spanien hält sich Casanova bis zu seiner Rückkehr nach Venedig, die erst vier Jahre später gelingt, fast nur noch in Italien auf.

Wir befinden uns nun wieder in Rom und nähern uns der letzten großen Verführungsepisode der Lebensgeschichte. Sie ist nur insofern interessant, als Casanova hier seine Verführungskünste sozusagen noch einmal verdichtet und alle Register zieht. Er ist nicht mehr reich und nicht mehr jung, und die Zeit, als er sich Frauen gegenüber zynisch verhalten konnte, ist offenbar vorbei:

»Ich fühlte mich nicht mehr jung. Sechsundvierzig Jahre erschienen mir ein hohes Alter. Es geschah mir zuweilen, daß ich den Liebesgenuß weniger stark, weniger bezaubernd fand, als ich ihn mir vorgestellt hatte; außerdem nahm schon seit acht Jahren meine Manneskraft allmählich ab. Ich stellte fest, daß auf einen langen Kampf nicht mehr ein tiefer ruhiger Schlaf folgte, und daß mein Appetit bei Tisch, den die Liebe früher gesteigert hatte, geringer wurde, wenn ich liebte, und auch nach dem Genuß der Liebe. Schließlich merkte ich, daß sich das schöne Geschlecht nicht mehr einfach bei meinem Anblick für mich interessierte, sondern daß es der Worte bedurfte ...«

Über den Liebhaber der Tochter seiner Zimmerwirtin, mit der ihn natürlich ebenfalls ein sexuelles Verhältnis verbindet, lernt er Armellina kennen. Das fünfzehn- oder sechzehnjährige Mädchen lebt in einer Art Zwischending aus Kloster und Gefängnis, in das besonders hübsche arme Mädchen bis zu ihrer Verheiratung eingekerkert werden. Da die Statuten dieses wohltätigen Institutes den Anblick der Mädchen untersagen, verliebt sich Casanova zunächst nur in die Stimme Armellinas. Auf Amors Schwingen wird er nun zum Reformator dieser abscheulichen Einrichtung. Zu seinem Glück hat er seinen guten alten Freund, den inzwischen zum Kardinal avancierten de Bernis wiedergetroffen, der, obgleich mittlerweile fettleibig und impotent, sein Interesse an den Liebeshändeln seines Freundes nicht verloren hat. Unverzüglich wendet man sich mit einem Gesuch an den Heiligen Vater: Wenn die Mädchen verheiratet werden sollten, müßte man den zukünftigen Ehemännern wenigstens die Gelegenheit geben, ihre Bräute zu besichtigen. Ein weiterer wichtiger Schritt ist nun, eine Erlaubnis zum Ausgehen zu erwirken, wobei ein weiterer Kardinal, Orsini, behilflich ist, wie auch die Prinzessin von Santa Croce, die ihre Kutsche zur Verfügung stellt.

Natürlich kann Armellina nicht allein ausgehen, so daß Casanova es im folgenden immer mit zwei Mädchen zu tun hat. Die Klostererziehung erweist sich als schwer überwindbares Hindernis: »Diese unbegreiflichen Vorbehalte allem gegenüber, was die

Freuden der Liebe wecken konnte, hatten nur dazu geführt, daß sie allem, was mit dem Sehen und dem Berühren zusammenhing, die größte Bedeutung beimaßen. So kam es, daß mir Armellina erst nach langem Widerstreben ihre Hände überließ und mich niemals sehen lassen wollte, ob die Strümpfe, die ich ihr geschenkt hatte, gut paßten.« Und noch schlimmer: »Jedes Mal, wenn ich am Gitter recht frei über die Freuden der Liebe sprach, fand ich sie taub und stumm. Das ärgerte mich in höchstem Maße.« Wir haben es hier denn auch mit der wohl längsten Verführungsepisode der Lebensgeschichte zu tun. Casanova reagiert auf die schwer überwindliche Klostererziehung mit einer ausgefeilten Choreographie der Verführung, die ihn dann letztlich doch noch zum vielzitierten »Ziel« kommen läßt. Zweifellos wird er hier zur Karikatur seiner selbst. Ich glaube aber, daß gerade dieser Umstand die Episode geeignet macht, Casanovas Verführungsklaviatur und das was dahintersteht einmal deutlich zu machen. Sinn einer Karikatur ist es ja nicht nur, die betreffende Person zu verspotten, sondern bestimmte Züge überdeutlich herauszustellen.

Exkurs: Austern, Trüffeln und Champagner in Casanovas Klaviatur der Verführung.

Wir kommen hier zu einem spannenden Punkt, nämlich der Frage, wie Casanova all diese Frauen verführen konnte. Aus den Erinnerungen läßt sich die Frage leicht beantworten: mit einem beträchtlichen Aufwand an Strategie und Material. Casanovas Verführungsritual kristallisiert sich hier folgendermaßen: Man nehme zwei arme Klosterschülerinnen, statte sie bescheiden mit etwas Wäsche aus, führe sie in die vermeintlich große Welt ein und verunsichere sie ein wenig. Dabei solllte man es als gestandener Mann keineswegs verabsäumen, sich tage-, ja monatelang auf die Bedürfnisse pubertierender Mädchen einzustellen. Man fragt sich z. B., was es für einen Sechsundvierzigjährigen zwei Monate lang an einem Klostergitter zu besprechen gibt. Es ist dies ohne Zweifel für Mädchen, in einer Gesellschaft, in der es für Mädchen keine andere Anerkennung als die durch einen Mann gibt, eine hohe Form der Huldigung. Vor allem wenn dieser Mann, der objektiv und wie er selbst auch weiß, nicht mehr viel zu bieten hat, den Mädchen aber doch wie ein geheimnisumwobener Fürst erscheinen muß, der all ihre bescheidenen materiellen Bedürfnisse zu erfüllen vermag. Auch bei den folgenden kleinen Gelagen geht Casanova mit einer machiavellistischen Einfühlsamkeit vor: »Von Austern und Champagner aufgemuntert, speisten wir köstlich. Es gab Stör und ausgezeichnete Trüffeln, deren Wohlgeschmack ich beim Anblick des lüsternen Appetits der Mädchen mehr genoß als beim eigenen Essen. Ein sehr berechtigtes natürliches Gefühl belehrt einen denkenden Menschen, daß ein sicherer Weg zum Gewinnen der Liebe eines Menschen der ist, ihm irgendwelche neuen Freuden zu verschaffen. Als Armellina mich freudig erregt und wieder leidenschaftlich sah, mußte sie das als ihr Werk erkennen und auf die Macht stolz sein, die sie über mich hatte. ... Es schien mir unmöglich, daß sie sich nach dem Souper und dem Schwelgen in Austern und Punsch meinen Liebkosungen verweigern könnte.«

Er verliert zu keiner Zeit den Zweck, der die Mittel heiligt, »das große Ziel« aus den Augen. Die Mittel sind Austern, Trüffel und Champagner. Diese Kostbarkeiten regen nicht nur die Sinne an, sondern symbolisieren gleichzeitig den vermeintlich hohen gesellschaftlichen Stand des Gönners, wie auch seine Unterordnung auf das Niveau der Mädchen. Die Verführung resultiert letztlich aus einer geschickten Mischung von Überlegenheits- und Unterwerfungsgesten. Man muß deutlich sehen, daß die vorromantische Liebesauffassung Casanovas, die in der Liebe nichts weiter sieht als ein Geben und Nehmen innerhalb einer sozialen Hierarchie, die auf der ständischen Gesellschaftsordnung beruht. Wenn es ein Verführungsrezept Casanovas gibt, so ist es diese ungeheuerliche Mischung von Abgebrühtheit einerseits und Naivität, Sinnlichkeit und Verspieltheit andererseits: Eine

Lavreince, »L'Heureux Moment«

besorgte Mutter, die mitten in der Nacht die Tür aufbricht, um den Verführer in flagranti zu ertappen, findet nichts anderes als den sagenumwobenen Frauenbeglücker im Nachthäubchen der Tochter, die sich, mit einem großen Tintenschnurrbart bemalt, auf das Harmloseste zu amüsieren scheint.

Der im folgenden beschriebene Champagnerpunsch spielt in fast allen Verführungsszenen der Lebensgeschichte eine wichtige Rolle. »Ich ließ Zitronen, eine Flasche Rum, Zucker, eine große Schale und heißes Wasser bringen und alles zusammen mit den zweiten fünfzig Austern auf den Tisch stellen. Dann schickte ich den Kellner fort. Ich bereitete einen guten Punsch, den ich durch eine Flasche Champagner spritzig machte. Nachdem wir fünf oder sechs Austern gegessen und Punsch getrunken hatten, über den die Mädchen laut jubelten, so gut schmeckte ihnen dieses Getränk, verfiel ich darauf, Emilia zu bitten, sie solle mir mit ihren Lippen eine Auster in den Mund schieben. ›Sie sind zu klug‹, fügte ich hinzu, ›um sich etwas dabei zu denken.‹«

Punch au vin de Champagne

Champagnerpunsch

1 halbe Flasche Rum
1 l heißes Wasser
2 Zitronen
1 Tasse Zucker
1 Flasche Champagner

Die Zitronen auspressen und den Saft in einem großen Gefäß mit den übrigen Zutaten vermischen. Als letztes die Flasche Champagner zugießen.

Tip: Es ist eigentlich schade um den Champagner, dessen feiner Geschmack dabei auf der Strecke bleibt. Wenn man eine gute Flasche Champagner kauft, tut diese, auch zu Verführungszwecken, eisgekühlt und pur genossen eine bessere Wirkung.

18. Kapitel

Letzte Stationen. Von Venedig nach Dux. Casanovas letzte Freundin: Elisa von der Recke.

Die *Geschichte meines Lebens* endet mit dem Jahr 1774. Die vierundzwanzig Jahre, die ihm von diesem Zeitpunkt an noch zu leben blieben, hat Casanova nicht mehr erzählen wollen. Gegenüber einem seiner späten Briefpartner, dem Gelehrten Opiz, begründet er dies 1793 folgendermaßen: »Ich glaube, ich werde es dabei bewenden lassen, denn von meinem fünfzigsten Lebensjahr an, kann ich nur Trauriges berichten, und das macht mich selbst traurig. Ich schreibe doch nur, um mich selbst mit meinen Lesern zu amüsieren, jetzt würde ich sie nur quälen, und das lohnt der Mühe nicht.« So seien hier auch nur einige wenige Anmerkungen zum letzten Drittel seines Lebens gestattet.

1774 kehrt er mit Erlaubnis der Obrigkeit nach Venedig zurück. Die erhoffte Rehabilitation bleibt jedoch ebenso aus wie die Möglichkeit eines angemessenen Broterwerbs. Die Erlaubnis zur Rückkehr hatte in engem Zusammenhang gestanden mit einer Geheimmission für den venezianischen Staat, und so verwundert es nicht, daß Casanova nun Spitzel für die Staatsinquisition wird. Der Wechsel von der Opfer- zur Täterseite ist weit weniger spektakulär, als er häufig behandelt wird. Zum einen hat Casanova seine Handlungen niemals an abstrakten moralischen Prinzipien, sondern immer an seiner konkreten persönlichen Bedürfnislage ausgerichtet. Eines seiner größten Verdienste ist seine Ehrlichkeit, die überhaupt nicht erst versucht, etwas zu bemänteln. Es fehlt ihm völlig jene weit verbreitete Verlogenheit, die mit moralisierenden Argumentationen auch nur die eigenen Interessen verteidigt. Zum anderen blieb ihm vermutlich, wollte er Venedig nicht sofort wieder verlassen, keine andere Wahl, denn es ist ja bekannt, daß Staaten, die ihre Untertanen bespitzeln lassen, sich hierzu häufig solcher Menschen bedienen, die irgendwie in Schwierigkeiten sind. Casanova war nach achtzehn Jahren nahezu ununterbrochenen Reisens müde, und es lag ihm viel daran, in der »Serenissima« bleiben zu dürfen.

In diese erste seßhafte Periode – 1782 muß er Venedig wieder verlassen – fällt ein erster Höhepunkt seiner literarischen Kreativität. Er verfaßt eine Streitschrift gegen den inzwischen verstorbenen Voltaire, beziehungsweise dessen Verehrer, gründet ein Theater mit einer französischen Schauspielertruppe und gibt eine Theaterzeitschrift heraus. Ferner wird er Herausgeber und fast alleiniger Autor einer Wochenzeitschrift. Auch wenn alle diese Unternehmungen letztendlich scheitern, muß man doch seinen Unternehmungsgeist und seine Energie bewundern. In diese Zeit fällt auch die einzig längere und räumlich enge Beziehung, die er je zu einer Frau hatte. Mit der Näherin Francesca Buschini lebt er drei Jahre lang zusammen in einem kleinen Haus, und hält auch nach seiner zweiten Flucht noch bis 1787 brieflichen Kontakt mit der Gefährtin, die er auch finanziell unterstützt. Als er nach einem Streit mit dem venezianischen Patriziat seine Vaterstadt zum zweiten Mal und diesmal für immer verlassen muß, schreibt er: »Ich bin jetzt achtundfünfzig Jahre alt, ich kann nicht zu Fuß gehen; der Winter steht vor der Tür, und wenn ich daran denke, wieder ein Abenteurer zu werden, so muß ich lachen, wenn ich in den Spiegel sehe.«

Auf der Suche nach einer festen Anstellung bereist er zahlreiche Städte, darunter Paris, Wien, Berlin und Prag. Endlich wird er in Wien Sekretär des venezianischen Botschafters Foscarini, der aber bald darauf stirbt. 1785 nimmt er das Angebot des Grafen Waldstein an, in dessen Schloß zu Dux – heute Duchcov – Bibliothekar zu werden. Er ist nun Herr über vierzigtausend Bände, doch der Traum vom ruhigen Leben als Gelehrter zerbricht schnell. Obwohl er hier seine literarisch produktivste Zeit erlebt, hat er uns keine Schilderung des Lebens im Duxer Schloß hinterlassen. Wir müssen uns diese Zeit aus seiner Korrespondenz und aus Augenzeugenberichten zusammenreimen. Was wir hier finden, sind hauptsächlich Klagen über Geldmangel, Mißachtung und Krankheit. Sein Gehalt, immerhin mehr als doppelt so hoch wie das des Schloßverwalters und damit das höchste im ganzen Schloß, reicht für seine Bedürfnisse nicht aus. Seine Unkenntnis der deutschen wie auch der tschechischen Sprache führt zu einer sozialen Isolation, die für den Großkommunikator Casanova an physischen Schmerz gegrenzt haben muß. Er war auf die bessere Gesellschaft der französischsprechenden Bewohner angewiesen, deren Kreis wiederum recht beschränkt war. Hinzu kommt, daß Casanova in seinem ganzen Habitus die Ideale des Ancien régime verkörperte, so daß er wohl einfach antiquiert und karikatural wirkte. Der Spott seiner ohnehin als abweisend empfundenen Umgebung muß ihn dann doppelt verletzt haben. Auch hat seine hybride Stellung zwischen Herr und Diener – wenn der Graf in Dux weilt, ißt er bei den Herrschaften, in dessen Abwesenheit bei der Dienerschaft, in deren Augen vermutlich auch sein Gehalt abnorm hoch war – sicher nicht wenig dazu beigetragen, ihn deren Gehässigkeit auszusetzen. Ich glaube übrigens nicht, daß am Anfang seiner immer mehr eskalierenden Fehde mit den Bediensteten des Duxer Schlosses eine besonders arrogante Haltung Casanovas gestanden hat. Wenn man der Lebensgeschichte in diesem Punkte Glauben schenken darf, hat Casanova immer ein sehr herzliches, großzügiges und beinahe kameradschaftliches Verhältnis zu seinen wechselnden Dienern und ein weites Herz für arme und einfache Menschen gehabt. Es wäre dies auch nicht der einzige Fall, wo jemand, der anders aussieht, die Landessprache nicht beherrscht und auch noch mehr verdient als seine Mitmenschen, sich deren Angriffen ausgesetzt sieht.

Casanova sieht den einzigen Ausweg in der Flucht ins Schreiben: Briefe, Bücher, Gedichte, Pamphlete. Es gibt kaum eine

Literaturgattung, in der er sich nicht versucht hätte. »Ich schreibe dreizehn Stunden täglich, und sie vergehen mir wie dreizehn Minuten.« Oder, noch stärker die therapeutische Wirkung betonend: »Indem ich mich zehn oder zwölf Stunden am Tag mit Schreiben beschäftigte, konnte ich verhindern, daß mich der schwarze Verdruß umbrachte, oder mir den Verstand raubte.«

Allein die Vielfalt der Wissensgebiete, zu denen er sich geäußert hat, ist beeindruckend. Wenn auch sein eigentliches schriftstellerisches Talent in der großen Lebenserzählung seine höchste Entfaltung erfährt, so muß man doch seine Vielseitigkeit und seinen Fleiß bewundern. Außer seinem heute bekanntesten Werk, der *Geschichte meines Lebens*, verfaßt er einen vielbändigen utopischen Roman, der vor Gelehrsamkeit strotzt, eine Abhandlung über den Wucher, einen philosophisch-theologischen Dialog, mehrere mathematische Abhandlungen, diverse Betrachtungen über philosophische Probleme und den Kalender. Daneben schreibt er Gedichte, politische Stellungnahmen zur Französischen Revolution und zu anderen aktuellen Problemen, darunter auch ein heftiges Pamphlet gegen die Abenteurer, im besonderen Saint-Germain und Cagliostro, sowie eine Untersuchung der Sprache der Französischen Revolution.

Hinzu kommt natürlich seine ausgedehnte Korrespondenz. Vor allem die Briefe von Frauen an Casanova zeigen, daß er noch jenseits des physischen Verfalls zu bezaubern vermochte. Die Damen bedanken sich häufig für Verständnis, Ermutigung und manchmal auch kleine Geschenke und Geld. Dies ist um so beachtlicher, als Casanova selbst unter ständiger Geldknappheit leidet und sich für die Veröffentlichung seiner Werke bei seinem Brotherrn in Schulden stürzen muß.

Der Fürst Charles Joseph de Ligne, Schriftsteller und Diplomat, der zu dieser Zeit in Teplitz – heute Teplice – ansässig war, hat uns zwei Porträts von Casanova hinterlassen, die erst in der Gegenüberstellung den hohen Spannungsbogen zwischen Casanovas karikaturalem Auftreten und seiner tiefen menschlichen Tragik und seelischen Größe ausleuchten. »Kein Tag verging ohne Streit über seinen Kaffee, seine Milch oder den Teller Makkaroni, nach dem er verlangte. Der Koch hatte ihm keine Polenta serviert, der Stallknecht hatte ihm, als er mich besuchen wollte, einen miserablen Kutscher gegeben, Hunde hatten in der Nacht gebellt; er war gezwungen, an einem Nebentisch zu essen, weil sich unerwartet Gäste eingestellt hatten. Ein Jagdhorn hatte durch Dissonanzen sein Ohr beleidigt. Der Priester hatte ihn mit Bekehrungsversuchen belästigt. Der Graf hatte ihm nicht als erstem ›Guten Morgen‹ gewünscht. Die Suppe war absichtlich zu heiß serviert worden, und ein Diener ließ ihn auf ein Getränk warten. Man hatte versäumt, ihn einem berühmten Besucher vorzustellen, der die Lanze besichtigen wollte, mit der der große Wallenstein getötet worden war. Der Graf hatte ein Buch verliehen, ohne ihm das mitzuteilen. Ein Diener zog den Hut nicht, als er an ihm vorbeiging. Er war ärgerlich geworden, und man hatte gelacht. Er hatte mit großen Gesten italienische Verse deklamiert, man hatte gelacht. Er hatte beim Betreten des Raumes die Verbeugung gemacht, die der große Tanzmeister Marcel ihm vor sechzig Jahren beibrachte, und man hatte gelacht. Auf jedem Ball hatte er die gravitätischen Schritte seines Menuetts vorgeführt, man hatte gelacht. Er hatte sich mit seiner weißen Feder, dem goldgestickten Anzug, der schwarzen Samtweste und den Strumpfbändern, deren Schnallen mit Bergkristall besetzt waren, und mit seinen Seidenstrümpfen herausgeputzt, und man hatte gelacht. ›Cospetto‹, rief er, ›Abschaum seid ihr, ihr seid Jakobiner, ihr seid respektlos gegen den Grafen, und der Graf ist taktlos gegen mich, sonst würde er euch bestrafen.‹«

Das zweite Porträt ist sehr viel feinfühliger und macht die tief verletzte Eigenliebe des alten Mannes fühlbar: »Er ist stolz, weil er nichts ist und nichts hat. Als Rentier, Finanzier oder Grandseigneur wäre es vielleicht leicht gewesen zu leben; aber im Moment darf man ihm nicht widersprechen, nicht über ihn lachen. Man muß ihn lesen oder ihm zuhören, denn seine Eigenliebe ist immer auf der Hut. Sagen Sie ihm nicht, daß Sie die Geschichte kennen, die er gerade erzählen will; tun Sie so, als

Casanova im Alter von 63 Jahren. Kupferstich von J. Berka, 1788.

hörten Sie sie zum ersten Mal. Versäumen Sie nicht, ihm Ihre Reverenz zu erweisen, da ein nichts ihn Ihnen zum Feind machen würde. Seine erstaunliche Phantasie, die für seine Heimat typische Lebhaftigkeit, seine Reisen, die vielen Berufe, die er ausgeübt hat, seine Festigkeit nach dem Verlust aller seiner moralischen und physischen Gaben, machen aus ihm einen außerordentlichen Menschen und ein Treffen mit ihm kostbar. Er ist der Achtung und großer Freundschaft der wenigen würdig, die vor seinen Augen Gnade finden.«

Casanovas moralische Festigkeit gegenüber dem Tod wurde auch von seiner letzten Freundin, Elisa von der Recke, bewundert. Die etwa vierzigjährige Frau war damals eine berühmte Lyrikerin und Reiseschriftstellerin und hatte mit der Entlarvung des berühmten Abenteurers Cagliostro europaweit Aufsehen erregt. Wie die Freundschaft zustande kam, läßt sich nicht mehr ermitteln, doch sprechen die wenigen Briefe, die die beiden im letzten Lebensjahr Casanovas miteinander austauschten, eine deutliche Sprache. Zu Beginn tauscht man sich über die Unsterblichkeit der Seele aus, an die Casanova im Gegensatz zu Elisa nicht zu glauben vermag. So schwingt eine beträchtliche Ironie mit, wenn der den Tod nahe fühlende Philosoph der vermutlich in romantischer Todessehnsucht schwelgenden Dichterin antwortet: »Ich gestehe, daß ich nichts darüber weiß, und wenn ich, um zu wissen, ob ich unsterblich bin, erst sterben muß, eilt es mir nicht mit der Erkenntnis dieser Wahrheit. Eine Erfahrung, die das Leben kostet, ist zu teuer bezahlt; sollte aber eintreten, daß ich noch nach meinem Tod sinnliche Wahrnehmungen habe, würde ich niemals zugeben, tot zu sein. Sie, Madame, kann ich zu Ihrer Metaphysik nur beglückwünschen, denn sie vermochte in Ihrem Geist nur dank Ihrer Tugenden Wurzeln zu schlagen und kann nur zu deren Steigerung beitragen; aber Sie werden mir verzeihen, daß ich die Erfüllung Ihrer Erwartungen nicht herbeiwünschen kann, falls Sie den Genuß einer Glückseligkeit anstreben, die Sie erst nach dem Tod erwarten können.« Als Casanova dann ernsthaft erkrankte – er starb an einer schmerzhaften Prostatahypertrophie, wobei sein Körper durch die damit verbundene Harnverhaltung langsam vergiftet wurde – zeigt sich Elisa von seiner Festigkeit beeindruckt: »Ich gestehe Ihnen, daß der Gedanke an die Trennung von Ihnen mein Herz bedrückt, aber der edle Mut, mit dem Sie der finsteren Pforte des Todes entgegengehen, erhebt meine Seele. Diese Fähigkeiten, die selbst Ihre schmerzhafte Krankheit nicht zu schwächen vermag, sind Ihnen verliehen, um Sie zum ewigen Glück zu führen.« Sie fleht ihn geradezu an, ihn als zärtliche Freundin pflegen zu dürfen, »um bis zum letzten Augenblick Ihrer irdischen Existenz in dieser Seele zu lesen, die mich durch Ihre inneren Kräfte in meiner sanften Hoffnung auf ein ewiges Leben bestärkt, wo die Macht einer zärtlichen Freundschaft unser Glück vergrößern wird.« Der Kranke antwortet wiederum leicht ironisch: »Ich bin mit allen für einen Christen nötigen geistlichen Pässen versehen und wohl ausgerüstet, um nach diesem irdischen Leben in die Schar der auf ewig Glückseligen einzugehen; aber ich möchte auf dieser ernsten Reise nicht Lächerlichkeiten begegnen.« Wohl wissend, daß sein Tod qualvoll und weit entfernt von Elisas romantischen Vorstellungen sein würde: »Das ist also der historische Grund, der mich hindert, Besuche zu empfangen … Obgleich ich mich nur von Ihren Suppen und Quellwasser nähre, ist mein Leib wie eine Trommel geworden …« Elisa, die doch irgendetwas für den sterbenden Freund tun möchte, wird nun immer weniger metaphysisch. »Mehr als meine Krankheit hat mich verdrossen, daß ich noch nicht in der Lage bin, Ihnen eine Krebssuppe zu schicken. Fanny und ich tun unser möglichstes, um Ihnen diese Suppe zu verschaffen, aber die Bauern, die uns Krebse versprechen, sagen, die kleinen Bäche seien zu angeschwollen, um zur Zeit Krebse fangen zu können; die ersten werden für Sie sein.« Flußkrebse gab es im 18. Jahrhundert in verschiedener Größe in fast allen europäischen Gewässern. Infolge der Gewässerverschmutzung sind die Tiere, die wie kleine Hummer aussehen, bei uns fast ausgestorben. Sie werden aber manchmal importiert, vor allem aus Griechenland, der Türkei und Osteuropa.

Bisque d'écrevisses ›Elisa‹

Krebssuppe ›Elisa‹

12 rohe Krebse (ca. 80 g pro Tier)
40 g Reis
0,75 l Kalbsfond
2 kleine Möhren
1 Petersilienwurzel
2 Schalotten
4 Eßlöffel Sahne
80 g Butter
1 Gläschen Cognac
2 Glas Weißwein
Salz
weißer Pfeffer
Cayennepfeffer
50 g feingehackte Pistazien zum Bestreuen

Das Gemüse putzen und in kleine Würfel schneiden, dann in 20 g Butter anbraten. Weitere 20 g Butter und die Krebse (sollte man sie lebend gekauft haben, muß man sie vorher in kochendem Wasser töten) anbraten. Salzen und pfeffern und die Krebse mit Cognac flambieren. Nebenbei den Reis in der Kalbsbrühe weichkochen. Nun den Wein zu den Krebsen gießen und diese darin 10 Minuten kochen lassen. Anschließend werden die Krebse geschält und die Schwänze beiseitegelegt. Krusten und Scheren werden im Mixer zerkleinert (im 18. Jahrhundert nahm man hierzu einen Mörser). Anschließend kocht man sie noch einmal in dem Weinsud mit dem Gemüse auf, bevor man das Ganze durch ein Haarsieb streicht. Dann noch einmal 15 Minuten köcheln lassen. Schließlich die Sahne und die restliche Butter unterrühren und die Suppe mit Cayennepfeffer abschmecken. Die Krebsschwänze in Stücken in der Bisque servieren. Mit Pistazien bestreuen.

Im 18. Jahrhundert richtete man solche Suppen, genau wie die schon erwähnte Ouille, auf Semmelscheiben an. Wem das nicht schmeckt, der bestreue sie mit Croûtons.

Zubereitungszeit: ca. 1 1/2 Stunden
Als Vorspeise für 4, als leichtes Hauptgericht für 2 Personen ausreichend.

Casanovas letzter Brief, den er selbst nicht mehr zu unterschreiben in der Lage war, ist an die Freundin gerichtet. Am 4. Juni 1798 starb Casanova in Dux. Seine letzten Worte sollen gewesen sein: »Ich habe als Philosoph gelebt und sterbe als Christ.« Es ist ihm zuzutrauen, daß er, der immer wie auf einer Bühne gelebt hatte, sich noch sterbend selbst inszenierte. Sein Grab existiert nicht mehr. Es wurde im 19. Jahrhundert zusammen mit dem alten Friedhof beseitigt.

Literaturverzeichnis

Ariès/Béjin/Foucault u. a., *Die Masken des Begehrens und die Metamorphosen der Sinnlichkeit. Zur Geschichte der Sexualität im Abendland*, Frankfurt/Main 1986

Ariès, Philippe (Hg.), *Geschichte des privaten Lebens*, 5 Bd., Frankfurt/Main 1991

Arte della cucina. Libri di ricette, testisopra lo scalco, il trinciante e i vini dal 14. al 19. secolo, Hg. von Emilio Faccioli, Mailand 1966

Benporat, Claudio, *Storia della gastronomia italiana*, Mailand 1990

Biasci, Claudia, *Das Alte im Neuen. Kulturgeschichte der französischen Küche*, Bielefeld 1991

Bitsch, Irmgard u. a. (Hg.), *Essen und Trinken in Mittelalter und Neuzeit*, Sigmaringen 1990

Brillat-Savarin, Jean-Anthelme, *Physiologie des Geschmacks oder physiologische Anleitung zum Studium der Tafelgenüsse*, Berlin/Leipzig 1991

Camporesi, Piero, *Der feine Geschmack. Luxus und Moden im 18. Jahrhundert*, Frankfurt/Main, New York 1992

Camporesi, Piero, *Geheimnisse der Venus. Aphrodisiaka vergangener Zeiten*, Frankfurt/Main, New York 1991

Casanova, Giacomo, *Aus meinem Leben*, Hg. von Roger Willemsen, Leipzig 1994

Casanova de Seingalt, Giacomo, *Prosopopea Ecaterina II und Istanza: zwei unbekannte Texte von Giacomo Casanova de Seingalt (1725–1798)*, Hg. von Enrico Straub, Frankfurt/Main 1993

Casanova, Giacomo, *Über den Selbstmord und die Philosophen*, Frankfurt/Main, New York 1994

Casanova, Giacomo Chevalier de Seingalt, *Geschichte meines Lebens*, Hg. von Erich Loos, 12 Bd., Berlin 1985

Casanova, Giacomo, *Das Duell oder Versuch über das Leben des Venezianers G. C.*, Hg. von Hartmut Scheible, München 1988

Casanova, Giacomo, *Gesammelte Briefe*, Hg. von Enrico Straub, 2 Bd., Berlin 1969–1970
Casanova, Giacomo, *Vermischte Schriften. Aus dem gelehrten und literarischen Werk*, Hg. von Enrico Straub, Berlin 1971
Childs, James Rives, *Casanova. Die große Biographie*, München 1977
Das allerneueste Pariser Koch-Buch von 1752, Leipzig 1981
Das Universal-Kochbuch des 18. Jahrhunderts. Throphologika Zedleriana, Band 1, Bargfeld 1992
Duby, Georges u.a. (Hg.), *Geschichte der Frauen*, 5 Bd., Frankfurt/Main, New York 1994
Elias, Norbert, *Die höfische Gesellschaft*, 4. Aufl., Darmstadt 1979
Elias, Norbert, *Über den Prozeß der Zivilisation. Soziogenetische und psychogenetische Untersuchungen*, 2 Bd., Frankfurt/Main 1976
Flandrin, Jean-Louis (Hg.), *Le Cuisinier françois*, Paris 1983
Foucault, Michel, *Überwachen und Strafen*, Frankfurt/Main 1991
Fuchs, Eduard, *Illustrierte Sittengeschichte*, 6 Bd., Frankfurt/Main 1985
Gillet, Philippe, *Par Mets et par vins. Voyages et Gastronomie en Europe XVIe-XVIIIe siècles suivi d'une série de recettes anciennes*, Paris 1985
Hémardinquer, Jean Jacques (Hg.), *Pour une histoire de l'alimentation*, Paris 1970 (= Cahier des Annales 28)
Lüsebrink, Hans-Jürgen/Reichard, Rolf, *Die ›Bastille‹. Zur Symbolgeschichte von Herrschaft und Freiheit*, Frankfurt/Main 1990
Marceau, Félicien, *Casanova. Sein Leben, seine Abenteuer*, Herrsching 1989
Mercier, Louis Sébastien, *Tableau de Paris*, Nachdruck der Ausgabe von 1782–1788, Genf 1979
Montanari, Massimo, *Der Hunger und der Überfluß. Kulturgeschichte der Ernährung in Europa*, München 1993
Nutzbares, galantes und curiöses Frauenzimmer-Lexicon, Leipzig 1980
Pallach, Ulrich-Christian (Hg.), *Hunger. Quellen zu einem Alltagsproblem in Europa und der Dritten Welt 17. bis 20. Jahrhundert*, München 1986
Revel, Jean-François, *Erlesene Mahlzeiten. Mitteilungen aus der Geschichte der Kochkunst*, Propyläen o.J.
Roth, Suzanne, *Aventure et aventuriers au dix-huitième siècle*, 2 Bd., Lille 1980
Rumohr, Karl Friedrich von, *Geist der Kochkunst*, Frankfurt/Main 1966
Schivelbusch, Wolfgang, *Das Paradies, der Geschmack und die Vernunft. Eine Geschichte der Genußmittel*, Frankfurt/Main 1990
Sombart, Werner, *Liebe, Luxus und Kapitalismus: Über die Entstehung der modernen Welt aus dem Geist der Verschwendung*, Berlin 1992
Schulz, Uwe (Hg.), *Speisen, Schlemmen, Fasten. Eine Kulturgeschichte des Essens*, Frankfurt/Main, Leipzig 1993

Tannahill, Reay, *Kulturgeschichte des Essens. Von der letzten Eiszeit bis heute*, Wien, Berlin 1973

Tobin, Ronald W. (Hg.), *Litterature et gastronomie. Huit Études Réunies et Préfacées par Ronald W. Tobin*, Paris, Seattle, Tübingen 1985

Wierlacher, Alois/Neumann, Gerhard u.a. (Hg), *Kulturthema Essen. Ansichten und Problemfelder*, Berlin 1993

Willan, Anne, *Kochkünste aus sieben Jahrhunderten. Berühmte Köche und Köchinnen von Taillevent bis Escoffier. Ihre Rezepte, ihre Gäste*, Bern, Stuttgart 1979

Zischka, Ulrike u.a. (Hg.), *Die anständige Lust. Von Eßkultur und Tafelsitten*, München o.J.

Danksagung

Mein Dank gilt in erster Linie meiner Familie: Meine Mutter, Elisabeth Bombosch, und meine Schwester, Pia Bombosch-Messedat, haben die von mir vorgeschlagenen Rezepte ausprobiert und durch ihre Kochkunst und Kreativität bereichert. Auf ihr Konto gehen die meisten der schmackhaften Endprodukte. Mein Vater, Karl-Otto Bombosch, hat die Sache nicht nur vorfinanziert, sondern sich auch selbstlos als sachkundiger Esser und Weinkenner zur Verfügung gestellt.

Mein ganz besonderer Dank gilt auch meiner Tante, Marga Weber, und meinem Onkel, Prof. Matthias Weber. Beide haben mich mit nie erlahmender Zuversicht und Wärme zu dem Projekt ermutigt, und es von Anfang an mit hilfreichen Rätschlägen und professionellen Korrekturen begleitet.

Prof. Dr. Enrico Straub betreut seit meiner Magisterarbeit sachkundig meine Casanovastudien. Ihm danke ich in diesem Zusammenhang aber vor allem für einige wichtige Fotografien, die ohne seine Hilfsbereitschaft und Fachkompetenz, auch auf dem fotografischen Sektor, nicht hätten aufgenommen werden können.

Ich danke ferner Wolfgang Brenner für einige professionelle Tips, Dr. Harro Schweizer für sein Engagement für mein Projekt und Udo Hesse, Fotograf, für das schöne Autorenfoto.

Frau Brigitte Zauner und Frau Dagmar Bansen, von der Romanistenbibliothek der FU-Berlin, danke ich für Geduld und Freundlichkeit.

Walter Pfannkuche danke ich nicht nur für die philosophische Betreuung, sondern auch für seine Gesprächsbereitschaft und einige gute Ideen. Allen meinen Freunden danke ich für ihr Interesse und für die schönen Stunden zwischendurch: Anne Aslan, Oliver Axer, Andreas Beyerdörfer, Willem Bramer, Johannes Eggenberger, Arthur Gottfried, Uwe Jessen, Christiane Kügeler, Michael Mettendorf, Irmgard Müller, Regina Mundel, Maria Ruisinger, Christoph Schirmer und Wilfried Schmickler.

Zu guter Letzt danke ich dem Campus-Verlag für seine Bereitschaft, sich auf das vorliegende Projekt einzulassen. Herr Adalbert Hepp hat sich besonders engagiert für die Publikation des vorliegenden Buches eingesetzt. Frau Sylvia Englert hat meine Arbeit sehr sorgfältig und freundlich betreut und mir große Freiheiten bei der Gestaltung eingeräumt. Ihnen und allen sonst noch beteiligten Mitarbeitern gilt mein herzlicher Dank.

Bildnachweise

Abb. 1	Childs, J. R., *Casanova*, London 1961
Abb. 4	Staatliche Museen zu Berlin, Kunstbibliothek
Abb. 5	aus: Roberts, Warren, *Morality and Social Class in Eighteenth-Century French Literature and Painting*, Toronto 1974
Abb. 6	Musee du Petit Palais, Paris
Abb. 7	Bibliothèque Nationale, Paris
Abb. 8	Bibliothèque Nationale, Paris
Abb. 9	Bildarchiv Preußischer Kulturbesitz, Berlin
Abb. 10	aus: Casanova, *Mémoires*, Bd. 5, Paris 1924-1935
Abb. 11	Bibliothèque des Arts décoratifs, Paris
Abb. 12	Rijksmuseum, Amsterdam
Abb. 13	Casanova-Museum, Duchcov
Abb. 14	aus: Burke, Joseph/Caldwell, Colin, *Hogarth: The complete engravings*, London 1968
Abb. 17	Staatliche Kunstsammlung, Dresden
Abb. 19	aus: Lorenzo da Ponte, *Geschichte meines Lebens. Memoiren eines Venezianers*, Frankfurt/Main, Wien, Zürich 1969

Edition Pandora

1994. 211 Seiten, gebunden
ISBN 3-593-35032-7

Casanova, der Verführer und Eroberer – ein Philosoph? Ein Suizidkandidat gar?
Neuentdeckte Texte von Casanova zwingen uns, das überkommene Bild des Helden zu korrigieren. Wenngleich Casanova eher zum Mörder als zum Selbstmörder tendierte, begleitete ihn die Leidenschaft zur Philosophie ein Leben lang und gab ihm die Feder in die Hand, lange bevor er daran dachte, in seinen Memoiren den libidinösen Abenteuern seines Lebens ein Denkmal zu setzen. Der Band zeigt uns einen unbekannten Casanova und seine überraschende Art des Philosophierens: ganz fern dem Weiberheldentum, ganz nah dem intellektuellen Abenteuer.

Campus Verlag · Frankfurt/New York